Markus Heintzen
**Das neue deutsche Staatsschuldenrecht
in der Bewährungsprobe**

Schriftenreihe
der
Juristischen Gesellschaft zu Berlin

Heft 189

Das neue deutsche Staatsschuldenrecht in der Bewährungsprobe

– Überlegungen zu Art. 109, 115 und 143d Grundgesetz –

Von
Markus Heintzen

Vortrag,
gehalten vor der
Juristischen Gesellschaft zu Berlin
am 8. Februar 2012

De Gruyter

Dr. Markus Heintzen,
Professor für Öffentliches Recht, Staats-, Verwaltungs- und Steuerrecht
an der Freien Universität Berlin

ISBN 978-3-11-029077-6
e-ISBN 978-3-11-029079-0

Bibliografische Information der Deutschen Nationalbibliothek

Die Deutsche Nationalbibliothek verzeichnet diese Publikation
in der Deutschen Nationalbibliografie; detaillierte bibliografische Daten
sind im Internet über http://dnb.d-nb.de abrufbar.

© 2012 Walter de Gruyter GmbH & Co. KG, Berlin/New York

Druck und Bindung: Hubert & Co. GmbH & Co. KG, Göttingen

∞ Gedruckt auf säurefreiem Papier

Printed in Germany

www.degruyter.com

Übersicht

I. Einleitung: das aktuelle politische Problem, die ökonomischen Daten und die Rechtsentwicklung 7
   1. Entwicklung der Staatsverschuldung 8
   2. Die Entwicklung des grundgesetzlichen Staatsschuldenrechts 10

II. Der wesentliche Inhalt der Neuregelung 12

III. Eine erste These 15

IV. Die Verrechtlichung der Staatsschulden 16
   1. Bundesrecht 16
   2. Landesrecht 17
   3. Europarecht 19

V. Zweite These 21

VI. Inhaltlicher Vergleich von altem und neuem Recht 22

VII. Mögliche Schwächen des neuen Rechts 26

VIII. Justiziabilität des neuen Rechts 29
   1. Gerichtliche Kontrolldichte 29
   2. Prozessuales und Rechtsfolgen 31

IX. Ökonomische Alternativlosigkeiten und politische Eigendynamik hoher Schulden 33

X. Abschließende Betrachtung 35

I. Einleitung: das aktuelle politische Problem, die ökonomischen Daten und die Rechtsentwicklung

Das Thema Staatsverschuldung[1] und das ihrer Begrenzung dienende Recht haben seit dem Zusammenbruch der Investmentbank Lehman Brothers im September 2008 und seit der Föderalismusreform II im Juli 2009[2] Hochkonjunktur. Gläubiger und Wähler fürchten um ihr Geld. Quantitativ besehen, handelt es sich in Deutschland bis in die Gegenwart um Wachstumsmaterien. Das neue Recht ist grundsätzlich seit dem Haushaltsjahr 2011 in Kraft[3], soll zunächst die so genannte Nettoneuverschuldung des Bundes bis zum Haushaltsjahr 2016 und der Bundesländer, auch Berlins, bis zum Haushaltsjahr 2020 auf annähernd Null zurückführen und für die weitere Zukunft materiell ausgeglichene Haushalte gewährleisten. Materiell ausgeglichen ist ein Haushalt, der keine Krediteinnahmen benötigt, um die Ausgaben zu decken. Diese Ziele sind in Art. 109 Abs. 2 und 3 GG unmissverständlich und verbindlich formuliert: Haushaltsdisziplin (was der preußischen Tugend der Disziplin, in einem speziellen, aber auch nicht untypischen Kontext, Verfassungsrang verleiht) und materiell ausgeglichener Haushalt.[4] Trotz unterschwelliger Zweifel, ob Staatsschulden eine juristisch steuerbare Größe sind, hat die Föderalismusreform II das Textvolumen allein des Schuldenverfassungsrechts von ca. 90 auf ca. 650 Wörter vergrößert. Dieses neue Recht wartet auf juristische Interpretation und praktische Erprobung.[5]

Diese einleitenden Feststellungen sollen, ebenfalls einleitend und die Vorgeschichte einbeziehend, in die zwei Richtungen Staatsverschuldung und Staatsschuldenrecht spezifiziert werden.

---

[1] Es fällt auf, dass die Bezeichnung „Staatsverschuldung" in der wissenschaftlichen Literatur nicht hinterfragt wird; das Phänomen ist wohl zu offensichtlich.

[2] Verkündet am 29.7.2009, BGBl. I, S. 2248.

[3] Vgl. Art. 143d Abs. 1 GG. Vgl. die Textausgabe von *Hofmann/Schlief,* Grundgesetz und Begleitgesetz. Föderalismusreform II, 2009 mit Einführung (S. VII – XXX).

[4] Bei Art. 109 Abs. 3 GG handelt es sich nicht um eine Staatszielbestimmung mit nur begrenzter normativer Kraft; vgl. *Mayer,* Greift die neue Schuldenbremse?, AöR 136 (2011), S. 266, 272. So auch *Reimer,* in: Beck-OK (Online-Kommentar) Grundgesetz, Stand: 1.1.2012, Art. 109 Rn. 37.

[5] In diesem Sinne auch *Frese,* Staatsverschuldung in Deutschland nach der Föderalismusreform II – eine Zwischenbilanz, DVBl. 2012, S. 153 – 156 (Tagungsbericht).

1. Entwicklung der Staatsverschuldung

Die Bundesrepublik Deutschland hat inzwischen 64 Haushaltsjahre erlebt.[6] Nur in wenigen dieser Haushaltsjahre erwirtschaftete der Bund einen Haushaltsüberschuss. Der größte und zugleich letzte Überschuss fällt in das Jahr 1969.[7] Bis 1969 war die Staatsverschuldung, aus heutiger Sicht, moderat. Nach 1969 stieg die Verschuldung als Konsequenz sozialstaatlicher Politik merklich an. Anfang der 1980er Jahre war im öffentlichen Bewusstsein erstmals eine Grenze erreicht. Bei der Bundestagswahl 1983 war das Thema ausufernder Staatsverschuldung ein dominantes Wahlkampfthema und ein Grund für den Regierungswechsel. Die neue Bundesregierung musste aber rasch den Unterschied zwischen Verlangsamung der Neuverschuldung und Abbau von Altschulden lernen; Letzteres blieb illusorisch; immerhin konnte die Nettokreditaufnahme von 69,2 Mrd. DM in 1982 auf 15,3 Mrd. DM in 1989 gedrosselt werden. 1990 löste die in erheblichen Teilen kredit- und nicht steuerfinanzierte Wiedervereinigung Deutschlands eine zweite Verschuldungsphase aus, die insgesamt bis 2005 dauerte, wobei gegen Ende die Wiedervereinigung von Anderem überlagert wurde, insbesondere von der Internetblase und der auf ihr Platzen folgenden Wirtschaftskrise sowie von Steuersenkungen (Senkung des Spitzensteuersatzes der Einkommensteuer, Senkung des Körperschaftsteuersatzes, Abschaffung der Vermögensteuer). Von 2002 bis 2005 hat Deutschland, trotz harscher Sparbemühungen (Stichwort Hartz IV), viermal in Folge beide Maastrichter Stabilitätskriterien verfehlt; nach diesen Kriterien darf die Nettoneuverschuldung nicht höher sein als 3,0% des Bruttoinlandsprodukts (BIP) und darf die öffentliche Gesamtverschuldung 60% des BIP nicht übersteigen.[8] Auf diese zweite Verschuldungsphase folgte von 2006 bis 2008 eine kurze Erholungsphase. Die mittelfristige Finanzplanung hielt damals sogar einen materiell ausgeglichenen Haushalt im Jahr 2011 für möglich.[9] Doch es kam ganz anders. Seit September 2008 lösten zahlreiche, uneinheitlich bezeichnete

---

[6] Zählt man 1949 und 2012 voll mit. Überblick u.a. auch bei *Henneke*, in: *Schmidt-Bleibtreu/Hofmann/Hopfauf*, Grundgesetz, 12. Aufl., 2011, Art. 109 Rn. 7 – 10.

[7] Dazu auch Sondervotum *di Fabio/Mellinghoff*, BVerfGE 119, 96, 155, 163.

[8] Nach der Entscheidung 2003/89/EG vom 21. Januar 2003, ABl. L 34/14, lag die jährliche Neuverschuldung in Deutschland über 3,0% des BIP. Allerdings wurde auch die andere Benchmark (Gesamtschuldenstand) verfehlt.

[9] Vgl. Spiegel-Online vom 1. Juli 2007: Steinbrücks Finanzplanung. Vgl. auch *Juncker*, Wir brauchen Europa, Vortrag zur Verleihung des Hanns Martin Schleyer-Preises 2010, in: Veröffentlichungen der Hanns Martin Schleyer-Stiftung, Bd. 79, 2011, S. 49 (54).

und miteinander verflochtene Krisen einen dritten Verschuldungsschub aus.

Allein im Haushaltsjahr 2010 kletterte die Nettoneuverschuldung des Bundes auf den Rekordwert von 80,2 Mrd. Euro, wenn auch zu günstigen Zinsen.[10] Die Bundesschuld ist von 1989 bis 2011 um ca. 400% gewachsen[11], die Zinsausgaben haben sich zumindest verdoppelt.[12] 2011 und 2012 konnte und kann in Deutschland zeitweise der Eindruck entstehen, nationale Bemühungen um Haushaltsdisziplin seien müßig, weil sie von externen Faktoren des Euroraums unvorhersehbar und unabwendbar konterkariert würden, weil die Hartz-IV-Bemühungen in anderen europäischen Staaten nicht nachvollzogen werden (Stichwort: Renteneintrittsalter) und weil der Öffentlichkeit weitgehend unbekannte Banken zu Lasten der Allgemeinheit Schuldenberge auftürmen, die staatliche Haushalte als klein erscheinen lassen.

Der größte Anteil an der Gesamtverschuldung öffentlicher Haushalte in Deutschland, die sich Ende 2010 auf 2,012 Billionen Euro belaufen hat[13], lastet auf dem Bund. Auf ihn entfallen ca. 65%, auf die Bundesländer ca. 30% und auf die kommunale Ebene 5%, mit zum Teil erheblichen Unterschieden zwischen den einzelnen Ländern und Kommunen.[14] Rechnet man dies auf die einzelnen Bundesbürger um, so ergibt sich eine Pro-Kopf-Belastung von derzeit (8. Februar 2012) ca. 22.500 Euro.

---

[10] Zu Letzterem: Das Handelsblatt berichtete am 23./24. September 2011, dass der Bund in dieser Woche eine zehnjährige Anleihe mit einem Zinskupon von 1,8% habe platzieren und so 4,2 Mrd. Euro habe einnehmen können. Der Tagesspiegel berichtete am 10. Januar 2012, der Bund habe eine 3,9-Mrd.-Euro-Anleihe zu einem Zins von minus 0,0122% platzieren können.

[11] Zu diesen Zahlen vgl. etwa den Finanzbericht des Bundes für 2011, S. 11 f.

[12] Zu Zinsen vgl. den Monatsbericht der Deutschen Bundesbank von April 2010, S. 27 – 31; Statistisches Bundesamt, Fachserie 14, Reihe 3.1, Finanzen und Steuern, Rechnungsergebnisse des öffentlichen Gesamthaushalts, dort unter Tab – 1.

[13] Statistisches Bundesamt, Fachserie 14, Reihe 5, 2010, S. 20, erschienen am 26. September 2011, korrigiert am 30. November 2011.

[14] Siehe den eben zitierten Monatsbericht, S. 23 – 26, wo für den Bund auf die Kosten der Wiedervereinigung Deutschlands, für Länder und Kommunen auf zum Teil erhebliche Unterschiede bei einem Binnenvergleich und für alle Gebietskörperschaften auf in Statistiken nicht erfasste latente Schulden, etwa Pensionslasten, hingewiesen wird.

2. Die Entwicklung des grundgesetzlichen Staatsschuldenrechts

In klarer Kenntnis dieser bedrohlichen Situation hat der verfassungsändernde Gesetzgeber im Juli 2009 das Staatsschuldenrecht geändert und auf die Primärziele Haushaltsdisziplin und materiell ausgeglichener Haushalt ausgerichtet.[15] Das Grundgesetz verweist in diesem Sinne auf Rechtsakte, die auf Grund von Art. 104 EG-Vertrag erlassen worden sind. Für eine nach Ansicht des Bundesverfassungsgerichts grundsätzlich Vorrang vor dem Europarecht beanspruchende nationale Verfassung ist dies zumindest ungewöhnlich. Mittelbar kommt hierin zum Ausdruck, dass eine Grundlage des neuen deutschen Schuldenverfassungsrechts der Euro ist.

Dieser Systemwechsel[16] ist schon der zweite in der Verfassungsentwicklung der Bundesrepublik Deutschland. Angefangen hat es mit einer von 1949 bis 1969 geltenden Fassung von Art. 115 GG, die dem Bund die Kreditaufnahme nur bei außerordentlichem Bedarf und nur für werbende Zwecke erlaubte und ihre Erfassung in einem außerordentlichen Haushalt forderte.[17] Dies wurde als *einzel*wirtschaftliche Betrachtungsweise kritisiert und 1969 durch ein Modell ersetzt, das öffentliche Haushalte in den Dienst staatlicher *Global*steuerung der Wirtschaft stellt und Kredite als Bestandteil des regulären Staatshaushalts akzeptiert.[18] In Zeiten schlechter Konjunktur soll der Staat die Wirtschaft beleben, dies auch unter Inkaufnahme eigener Verschuldung; in Zeiten guter Konjunktur und hoher Staatseinnahmen sollen diese Schulden wieder abgebaut werden.[19]

---

[15] Für die Verfassungsänderung stimmten im Bundestag 418 Abgeordnete, 109 stimmten mit Nein und 48 enthielten sich. Im Bundesrat lautete das Ergebnis 58 zu 11; die Nein-Stimmen kamen aus Berlin, Mecklenburg-Vorpommern und Schleswig-Holstein. Zu dieser Reform monographisch zusammenfassend *Buscher,* Der Bundesstaat in Zeiten der Finanzkrise, 2011, insb. Dritter Teil (S. 272 ff.).

[16] Wohl anders zum Verhältnis von ursprünglicher Fassung und Neuregelung 1969 das Sondervotum *di Fabio/Mellinghoff,* BVerfGE 119, 96, 155, 162 unten sowie 157, dort das Recht von 1969 verteidigend.

[17] *Pünder,* Staatsverschuldung, in: *Isensee/Kirchhof* (Hrsg.), Handbuch des Staatsrechts, 3. Aufl., Bd. V, 2007, § 123 Rn. 27; *Reimer,* in: Beck-OK (Fn. 4), Art. 115 Rn. 1.

[18] Überblick über die sog. Budgetfunktionen bei *Hillgruber,* in: *von Mangoldt/Klein/Starck,* GG, 6. Aufl., Bd. 3, 2010, Art. 110 Rn. 6 – 12; *Kube,* in: *Maunz/Dürig,* GG, Art. 109 Rn. 16 (Stand: Mai 2011); *Pünder,* in: *Isensee/Kirchhof* (vorige Fußnote), § 123 Rn. 27.

[19] Vgl. etwa *von Mutius* und *Schuppert,* Die Steuerung des Verwaltungshandelns durch Haushaltsrecht und Haushaltskontrolle, VVDStRL 42 (1984), S. 147 ff., 216 ff.

Was in der Theorie simpel klingt, hat in der Praxis nie funktioniert.[20] Unter den Bedingungen einer sozialstaatlichen Mediendemokratie waren Art. 109 Abs. 2 und Art. 115 Abs. 1 Satz 2 GG letztlich eine Einladung zum Schuldenmachen. Das gesamtwirtschaftliche Gleichgewicht war, je nach politischem Bedarf und Kassenlage, beständig gestört.[21] Gegen juristische Kritik immunisierten Beurteilungsspielräume und Einschätzungsprärogativen.[22] Kleine, aber deutliche Indizien für das Scheitern sind die Tatsachen, dass einige der im Stabilitäts- und Wachstumsgesetz vorgesehenen konjunkturpolitischen Instrumente nie genutzt worden sind und dass es zu diesem Gesetz nur zwei Kommentare gibt, von denen keiner über eine zweite Auflage hinausgekommen ist; die letzte Neuauflage ist vor 30 Jahren erschienen.[23]

Im Juli 2007, also während der Beratungen über eine Föderalismusreform II, hat das Bundesverfassungsgericht zur Qualität von Art. 115 Abs. 1 Satz 2 und Abs. 2 GG alte Fassung Worte gefunden, die für dem Gesetz unterworfene Richter ungewöhnlich sind – ungewöhnlich, selbst wenn man berücksichtigt, dass zuvor die Politik das Gericht zweimal bei der Erfüllung von finanzverfassungsrechtlichen Gesetzgebungsaufträgen düpiert und damit gereizt hatte (Investitionsbegriff, Maßstäbe des föderalen Finanzausgleichs).[24] In einer Entscheidung zur Verfassungsmäßigkeit des Bundeshaushalts 2004 führte die Mehrheit der Richter des 2. Senats aus, das Regelungskonzept des Art. 115 Abs. 1 Satz 2 GG habe sich als verfassungsrechtliches Instrument rationaler Steuerung und Begrenzung staatlicher Schuldenpolitik in der Realität nicht als wirksam erwiesen; vieles spreche deshalb dafür, verbesserte Grundlagen für wirksame Instrumente zum Schutz gegen eine Erosion gegenwärtiger Leistungsfähigkeit des demokratischen Rechts- und Sozialstaats zu schaffen[25]; dies sei dem verfassungsändernden Gesetzgeber vorbehalten und aufgegeben.[26] Das Bundesverfassungsgericht erwähnt nicht, dass es solche Konzepte

---

[20] Ebenso *Pünder,* in: *Isensee/Kirchhof* (Fn. 17), § 123 Rn. 49; *Wendt,* in: *von Mangoldt/Klein/Starck* (Fn. 18), Art. 115 Rn. 8.

[21] Vgl. das Sondervotum *di Fabio/Mellinghoff,* BVerfGE 119, 96, 155, wo von „plein pouvoir" (S. 161) und „wiederkehrender Dauerrechtsverletzung" (S. 172) die Rede ist.

[22] Zu ihnen zuletzt BVerfGE 119, 96, 140 f., 148.

[23] *Möller* (Hrsg.), Kommentar zum StabG, 2. Aufl., 1969; *Stern/Münch/Hansmeyer* (Hrsg.), Gesetz zur Förderung der Stabilität und des Wachstums der Wirtschaft, 2. Aufl., 1972.

[24] Vgl. auch *Siekmann,* in: *Sachs,* GG, 6. Aufl., 2011, Art. 109 Rn. 63.

[25] BVerfGE 119, 96, 142; kritisch das Sondervotum *di Fabio/Mellinghoff,* ebd., 155.

[26] Ebd., 143.

in Gestalt der Maastrichter Stabilitätskriterien seit 1992 möglicherweise schon gab. Es war dann der verfassungsändernde Gesetzgeber, der 2009 das Nebeneinander deutschen und europäischen Staatsschuldenrechts zugunsten einer einheitlich europäischen Konzeption beendet hat, was in der Verweisung in Art. 109 Abs. 2 GG zum Ausdruck kommt.[27]

II. Der wesentliche Inhalt der Neuregelung[28]

Art. 109 Abs. 2 und 3 sowie Art. 115 Abs. 2 GG bekennen sich zum close-to-balance- Prinzip des Europäischen Stabilitäts- und Wachstumspakts von 1997.[29] Die Haushalte des Bundes und der Länder müssen ab 2016 bzw. 2020 ohne Kredite ausgeglichen sein. Von diesem Grundsatz gibt es drei ausdrückliche Ausnahmen. Weitere, ungeschriebene Ausnahmen, etwa für extreme Haushaltsnotlagen, sind abzulehnen.[30]

Die erste Ausnahme gilt allein für den Bund; er darf, an Art. 109 Abs. 2 GG gebunden, aber ohne weitere Begründung, Kredite aufnehmen, soweit diese 0,35 % des nominalen BIP nicht überschreiten; dies erlaubt dem Bund eine sog. strukturelle Neuverschuldung von derzeit ca. 8,4 Mrd. Euro pro Jahr.[31] Strukturell ist eine Neuverschuldung, die in einer konjunkturellen Normallage entsteht. Für die Länder bleibt es dagegen beim grundsätzlichen Verschuldungsverbot. Dagegen ist vorgebracht worden, die Verschuldungskompetenz sei ein Essentiale von Staatlichkeit, so dass das Verbot gemäß Art. 79 Abs. 3 GG verfassungswidriges

---

[27] *Kube,* in: *Maunz/Dürig* (Fn. 18), Art. 109 Rn. 25; *Siekmann,* in: *Sachs* (Fn. 24), Art. 109 Rn. 16.
[28] Darstellung etwa bei *Henneke,* Bundesstaat und kommunale Selbstverwaltung nach der Föderalismusreform, 2009, S. 98 – 111.
[29] Die Amtliche Begründung zur Verfassungsänderung verweist ausdrücklich darauf: BT-Drs. 16/12410, S. 6. Zur Genese, insb. der Gefahr eines Dahinsiechens der Föderalismusreform II, *Henneke,* in: *Schmidt-Bleibtreu/Hofmann/Hopfauf* (Fn. 6), Art. 109 Rn. 22 f.; *Kube,* in: *Maunz/Dürig,* GG, Art. 115 Rn. 8, 23 (Stand: Oktober 2009).
[30] Vgl. *Mayer* (Fn. 4), AöR 2011, S. 285 (unter Hinweis auf eine dem widersprechende Entscheidung des VerfGH Berlin vom 31.10.2003, LKV 2004, S. 76, 78 f. und mit weiteren Nachw. in Fn. 65). Ferner *Kube,* in: *Maunz/Dürig* (Fn. 18), Art. 109 Rn. 126.
[31] Zum Zweck dieser Kreditermächtigung *Henneke* (Fn. 28), S. 98, 101; *Jarass,* in: *Jarass/Pieroth,* GG, 11. Aufl., Art. 109 Rn. 14; *Reimer,* in: Beck-OK (Fn. 4), Art. 109 Rn. 59, 69, Art. 115 Rn. 4; *Schenke,* in: *Sodan,* GG, 2. Aufl., 2011, Art. 109 Rn. 16.

Verfassungsrecht sei. Dies ist abzulehnen.[32] Der Gedanke, es verstoße gegen elementare Grundsätze des Föderalismus, von den Bundesländern eine solide Haushaltswirtschaft zu fordern, ist befremdlich. Die Ungleichbehandlung von Bund und Ländern lässt sich damit erklären, dass der Bund der größere Schuldner ist und wegen seiner größeren Verantwortung für Konjunktur und Währung sein muss. Weiterhin können auch die Länder sich auf die beiden folgenden Ausnahmen berufen.[33] Das grundsätzliche Verschuldungsverbot für die Länder muss ab 2020 auch Konsequenzen für interföderale Finanztransfers haben, jedenfalls für zweckungebundene Transfers wie den Länderfinanzausgleich. Gemäß Art. 107 Abs. 2 GG ist der sekundäre Finanzausgleich im Verhältnis der Länder untereinander obligatorisch oder, was Bundesergänzungszuweisungen betrifft, Ausübung pflichtgemäßen Ermessens; andererseits tritt das gegenwärtige Finanzausgleichssystem am 31. Dezember 2019 außer Kraft (§ 20 Finanzausgleichsgesetz). Das Verschuldungsverbot für die Länder wird weiter verfassungsrechtliche Fragen des primären vertikalen Finanzausgleichs, der Steuergesetzgebungskompetenzen von Bundesländern und des Konnexitätsprinzips aufwerfen; bei dem Befund, dass Haushaltsautonomie für die Bundesländer im Wesentlichen nur Verschuldungsautonomie sei[34], kann es nicht bleiben.

Die zweite Ausnahme erlaubt Bund und Ländern gemeinsam Regelungen zur im[35] Auf- und Abschwung symmetrischen Berücksichtigung der Auswirkungen einer von der Normallage[36] abweichenden konjunkturellen Entwicklung.[37] Diese zweite Ausnahme kommt der

---

[32] Dazu aus der Kommentarliteratur: *G. Kirchhof,* in: *von Mangoldt/Klein/Starck* (Fn. 18), Art. 109 Rn. 107 – 114; *Siekmann,* in: *Sachs* (Fn. 24), Art. 109 Rn. 80 – 82.

[33] Nachweise zu der Diskussion bei *Mayer* (Fn. 4), AöR 2011, S. 266 (269 f. mit Fn. 9 und 10), u.a. *Hanke,* Defizitbegrenzung im Bundesstaat, DVBl. 2009, S. 621, insb. S. 626 ff.; *Kemmler,* Schuldenbremse und Benchmarking im Bundesstaat, DÖV 2009, S. 549, 556; *H.-P. Schneider,* Die Haushaltswirtschaft der Länder – Verfassungsrechtliche Grenzen einer „Schuldenbremse", Drucksache 031 der Föderalismuskommission II. Wie hier *Henneke,* in: *Schmidt-Bleibtreu/Hofmann/Hopfauf* (Fn. 6), Art. 109 Rn. 61; anders *Kloepfer,* Verfassungsrecht, Bd. 1, 2011, § 26 Rn. 204, 208. Monographisch jüngst *Koemm,* Eine Bremse für die Staatsverschuldung?, 2011, insb. S. 135–168, 266.

[34] Dazu *Hey,* Finanzautonomie und Finanzverflechtung in gestuften Rechtsordnungen, VVDStRL 66 (2007), S. 277, 306 – 310.

[35] So – zur im – der Verfassungswortlaut.

[36] Zu diesem Merkmal kritisch: *Heun,* in: *Dreier* (Hrsg.), Grundgesetz, 2. Aufl., Supplementum 2010, Art. 109 Rn. 42, Art. 115 Rn. 33.

[37] *Jarass,* in: *Jarass/Pieroth* (Fn. 31), Art. 109 Rn. 15; *Schenke,* in: *Sodan* (Fn. 31), Art. 109 Rn. 13.

bisherigen Regelung nahe, wonach die Neuverschuldung im Fall einer Störung des gesamtwirtschaftlichen Gleichgewichts die Summe der veranschlagten Ausgaben für Investitionen überschreiten durfte. Allerdings wird deutlicher herausgearbeitet, dass staatlicher Kreditaufnahme in Zeiten wirtschaftlichen Abschwungs staatliche Schuldentilgung in Aufschwungzeiten symmetrisch entsprechen müsse, so dass am Ende eines jeden Konjunkturzyklus in den öffentlichen Haushalten grundsätzlich[38] zumindest eine Null steht.

Die dritte Ausnahme betrifft Naturkatastrophen oder außergewöhnliche Notsituationen[39], die sich der Kontrolle des Staates entziehen und seine Finanzlage deutlich beeinträchtigen. Wird diese Ausnahme für die Aufnahme von Krediten in Anspruch genommen, so muss ein rechtsverbindlicher Tilgungsplan vorgesehen werden. Als Beispiel für eine außergewöhnliche Notsituation wird die Finanzmarktkrise angesehen.[40]

Dem verfassungsändernden Gesetzgeber war 2009 bekannt, dass die Nettokreditaufnahme 2010 nicht sogleich auf Null würde zurückgefahren werden können, sondern im Gegenteil ein Allzeithoch erreichen würde. Deshalb die schon erwähnten Übergangsfristen bis 2016 bzw. für die finanzpolitisch weniger flexiblen Bundesländer bis 2020[41]; was die ostdeutschen Bundesländer betrifft, so ist das volle Inkrafttreten der „Schuldenbremse" am 1. Januar 2020 mit dem Auslaufen des Solidarpaktes II am 31. Dezember 2019 synchronisiert. In welchen Intervallen und mit welchen Turbulenzen der „Schuldensinkflug" erfolgt, liegt grundsätzlich im politischen Ermessen der Beteiligten. Ein fester Konsolidierungspfad wird nicht vorgegeben. Für finanzschwache Bundesländer, darunter Berlin, sind, davon abweichend, gemäß Art. 143d Abs. 2 Satz

---

[38] Da Aufschwung und Abschwung in der Realität nicht symmetrisch sein werden (dazu unten VII., 2. Punkt), kann nur eine Regelsymmetrie gefordert sein (vgl. auch *Henneke,* in: *Schmidt-Bleibtreu/Hofmann/Hopfauf* (Fn. 6), Art. 109 Rn. 67).

[39] Die unbestimmtere Formulierung „Notlage" wird vermieden; zu diesem Merkmal *Kube,* in: *Maunz/Dürig* (Fn. 29), Art. 115 Rn. 187; *Pünder,* in: *Friauf/ Höfling,* Berliner Kommentar zum Grundgesetz, Ergänzungslieferung VII/10, Art. 115 Rn. 131; *Reimer,* in: Beck-OK (Fn. 4), Art. 109 Rn. 64; *Schenke,* in: *Sodan* (Fn. 31), Art. 109 Rn. 14.

[40] *Wieland,* Soziale Nachhaltigkeit und Finanzverfassung, in: *Kahl* (Hrsg.), Nachhaltige Finanzstrukturen im Bundesstaat, 2011, S. 229 (242), weist zu Recht darauf hin, dass es, insbesondere in einer ex ante-Perspektive, sehr schwierig sein dürfte, die durch sie verursachten Schulden in einen Tilgungsplan zu fassen. Ferner *Kube,* in: *Maunz/Dürig* (Fn. 18), Art. 109 Rn. 206.

[41] Kritik an diesen Übergangsfristen (etwa *Wieland,* wie zuvor, S. 236) verkennt, dass eine sofortige Inkraftsetzung des close-to-balance-Prinzips nicht möglich gewesen wäre.

5 GG jährlich präzise Abbauschritte mit dem Stabilitätsrat festzulegen. Weiterhin dürfen weder Bund noch Länder in der Übergangszeit ab dem 1. Januar 2011 ihre Neuverschuldung, gemessen am Rekordjahr 2010, ausweiten, ohne einen der Ausnahmetatbestände des neuen Rechts in Anspruch zu nehmen; ihr Ermessen ist insoweit eingeschränkt.[42] Insgesamt gibt es dreierlei Übergangsregime: eines für den Bund (Art. 143d Abs. 1 Sätze 5 bis 7 GG), eines für die „reicheren" Länder (Art. 143d Abs. 1 Sätze 3 und 4 GG) und eines für die „ärmeren" Länder (Art. 143d Abs. 2 GG).

III. Eine erste These

Die einleitenden Kurzberichte zur Entwicklung von Staatsschulden und Staatsschuldenrecht und zum wesentlichen Inhalt der Neuregelung führen zu einer ersten These, die den weiteren Ausführungen zugrunde liegt. Staatsschulden sind in Deutschland traditionell ein Thema von Verfassungsrang.[43] 1949 war der Staatskredit noch etwas Außerordentliches und betonte Art. 109 GG in erster Linie die Selbstständigkeit und Unabhängigkeit der Haushaltswirtschaft von Bund und Ländern. 1969 wurden die öffentlichen Haushalte für eine staatliche Globalsteuerung der Wirtschaft instrumentalisiert, was das Verschuldungsproblem teilweise erklärt. 2009 wurde dann das Schuldenverfassungsrecht selbst instrumentalisiert. Solange das Ziel materiell ausgeglichener Haushalte in weiter Ferne ist, solange ist, dies ist die erste These, Kern der Neuregelung die Übergangsvorschrift des Art. 143d, mit der die Politik sich selbst zu einer Haushaltskonsolidierung in den vor uns liegenden Jahren zwingen will.

---

[42] In Bundesländern, in denen das Investitionsjunktim des alten Rechts noch gilt, verlangt auch dieses gemäß Art. 143d Abs. 1 S. 3 GG Beachtung. Zur Diskussion um den davon abweichenden Entwurf eines Haushaltsgesetzes des Landes Niedersachsen für 2012/13 vgl. *Henneke,* Schuldenbegrenzungsregelungen als Räderwerk im Bundesstaat, NdsVBl. 2011, S. 329 (332 – 335).

[43] Dazu *Heun,* Staatshaushalt und Staatsleitung, 1989, S. 31 – 84 (zum Budgetrecht allgemein); *Höfling,* Staatsschuldenrecht, 1993, S. 116 – 124; *Puhl,* Budgetflucht und Haushaltsverfassung, 1996, S. 494; *Tappe,* Das Haushaltsgesetz als Zeitgesetz, 2008, S. 57 f. Siehe auch das Sondervotum *di Fabio/ Mellinghoff,* BVerfGE 119, 96, 155, 158 ff. Der X. Abschnitt des Grundgesetzes insgesamt ist als „die Traditionskompanie Preußens im liberal-demokratischen Verfassungsstaat" bezeichnet worden (*Hettlage,* Die Finanzverfassung im Rahmen der Staatsverfassung, VVDStRL 14 (1956), S. 2 (13)).

IV. Die Verrechtlichung der Staatsschulden

Dieser Plan führt zu einer erheblichen Verrechtlichung, ja fast könnte man sagen zu einer Bürokratisierung von Staatsschulden. Dies darzustellen ist Inhalt des nächsten Abschnitts. Art. 109 Abs. 2 und Abs. 3 GG sind die Spitze einer Normenpyramide, die ihrerseits im Kontext von Rechtsakten der Europäischen Union steht. Entsprechend der politischen Mehrebenenstruktur sind für das Staatsschuldenrecht Europarecht, Bundesrecht und Landesrecht zu unterscheiden. Die beiden Ebenen des deutschen Rechts sind nach Verfassungs-, Gesetzes- und Verordnungsrecht aufzufächern, das Europarecht nach Primär- und Sekundärrecht. Hinzu treten auf allen Ebenen politische Erklärungen und soft law.[44] Es ist klar, dass diese Auffächerung in den tieferen Normebenen Gestaltungsmöglichkeiten eröffnet.

1. Bundesrecht

Die verfassungsrechtlichen Grundsatzaussagen zur „Schuldenbremse"[45] in Art. 109 Abs. 3 GG werden zunächst durch Bundes- und partiell durch Landesverfassungsrecht wiederholt und konkretisiert. Für das Grundgesetz bedeutet diese Regelungstechnik unschöne Redundanz: die Sätze 1 bis 4 von Art. 109 Abs. 3 und die Sätze 1 bis 3 und 6 bis 8 von Art. 115 Abs. 2 GG stimmen inhaltlich weitgehend überein.[46] Wegen Näherem erteilt Art. 115 Abs. 2 Satz 5 GG einen Gesetzgebungsauftrag, der zu einem als Art. 2 des Begleitgesetzes zur zweiten Föderalismusreform erlassenen Gesetz zur Ausführung von Artikel 115 des Grundgesetzes geführt hat, wo wichtige Einzelheiten zur Frage der Berechnung einer sog. Konjunkturkomponente an zwei Bundesministerien als Verordnungsgeber weitergereicht werden (§ 5 Abs. 4 G 115).[47]

---

[44] Hierzu *Heintzen*, in *von Münch/Kunig*, Grundgesetz, 6. Aufl., 2012, Bd. 2, Art. 109 Rn. 41.

[45] Zu den Schweizer Ursprüngen jedenfalls dieses Wortes: *Calliess*, Finanzkrisen als Herausforderung der internationalen, europäischen und nationalen Rechtsetzung, Berliner Online-Beiträge zum Europarecht, Nr. 72 vom 16.11.2011, S. 47 f.; vgl. weiter die Literatur zu Art. 126 Abs. 2 der Schweizer Bundesverfassung.

[46] *Siekmann*, in: *Sachs* (Fn. 24), Art. 109 Rn. 54.

[47] Vgl. dazu *Kastrop/Snelting*, Das Modell des Bundesfinanzministeriums für eine neue Schuldenregel, Wirtschaftsdienst 2008, S. 375 – 382; *Reimer*, in: Beck-OK (Fn. 4), Art. 115 Rn. 42a. Kritisch im Hinblick auf die Vereinbarkeit der Verordnungsermächtigung mit Art. 80 Abs. 1 GG *Buscher* (Fn. 15), S. 370.

Die Verordnung wurde im Juni 2010 erlassen[48]; sie enthält für Juristen wenig verständliche Sätze wie: „Über die Produktionsfunktion ergibt sich das Produktionspotential als Kombination aus den normal ausgelasteten Produktionsfaktoren Arbeit und Kapitalstock, multipliziert mit dem Trend der totalen Faktorproduktivität als Maß für den technischen Fortschritt bei Normalauslastung." (§ 2 Abs. 2 Satz 3) Diesen Sätzen ist der Anspruch zu entnehmen, nicht nur den Begriff einer konjunkturellen Normallage, sondern auch das Ausmaß der bei Abweichungen von dieser Normallage zulässigen Verschuldung bzw. gebotenen Rücklagenbildung nicht politischer Bewertung zu überlassen, sondern gemäß volkswirtschaftlichen Modellen zu errechnen.[49]

Zum normativen Unterbau der Art. 109a und 115 GG gehören weitere Bundesgesetze, nämlich im Rahmen des Begleitgesetzes das Stabilitätsratsgesetz und das Konsolidierungshilfengesetz und außerhalb dieses Rahmens das Haushaltsrecht des Bundes, insbesondere das Finanzplanungs- und das Bundesschuldenwesenrecht.[50]

2. Landesrecht

Eine vergleichbare Normenkaskade legt Art. 109 Abs. 3 Satz 5 GG für die Rechtsordnungen der einzelnen Bundesländer nahe[51], lässt diesen jedoch bei der Wahl der Rechtsquelle[52], bei der Ausgestaltung der Konjunkturkomponente und dem Novellierungszeitpunkt Freiheiten.[53] Dies hat einen Normsetzungsprozess in Gang gesetzt, der noch nicht

---

[48] BGBl. 2010 I, S. 790.
[49] Zu Berechnungsfragen *Pünder,* in: *Friauf/Höfling* (Fn. 39), Art. 115 Rn. 103 – 106.
[50] Dazu *Göpl* u.a., BHO/LHO. Staatliches Haushaltsrecht. Kommentar, 2011. Zur hier weiterhin zu nennenden Zurückführung der Sonderbedarfs-Bundesergänzungszuweisungen im Rahmen des Finanzausgleichs *Henneke* (Fn. 42), NdsVBl. 2011, S. 330 f.
[51] Dem Recht der einzelnen Bundesländer widmet sich das seit 2009 erscheinende Jahrbuch der öffentlichen Finanzen. Vgl. dort *Berlit,* Die Umsetzung der Schuldenbremse in den Ländern – erste Ansätze und Probleme, Jahrbuch für öffentliche Finanzen 2010, S. 311 – 342.
[52] Zu den Gefahren inhaltsgleicher verfassungsrechtlicher Regelungen in Bund und Land im Hinblick auf trotzdem unterschiedliche Rechtsprechung der Verfassungsgerichte *P. M. Huber,* Bundesverfassungsrecht und Landesverfassungsrecht, NdsVBl. 2011, S. 233 (238).
[53] Vgl. *Christ,* Neue Schuldenregel für den Gesamtstaat: Instrument zur mittelfristigen Konsolidierung der Staatsfinanzen, NVwZ 2009, S. 1333 (1335); *Heun,* in: *Dreier* (Fn. 36), Art. 109 Rn. 51; *Siekmann,* in: *Sachs* (Fn. 24), Art. 79

abgeschlossen ist. Sechs Länder, Baden-Württemberg[54], Hessen[55], Mecklenburg-Vorpommern[56], Niedersachsen[57], Rheinland-Pfalz[58] und Schleswig-Holstein[59], haben ihre Landesverfassungen inzwischen entsprechend geändert oder sind dabei.[60] Der Freistaat Bayern belässt es bei einer im Übrigen schon 2006 in Kraft getretenen Änderung des einfachen Haushaltsrechts, Art. 18 BayHO, während Art. 82 der bayerischen Verfassung am Regelungskonzept von Art. 115 GG 1949 festhält, wonach Staatskredite eine rechtfertigungsbedürftige Ausnahme sind. Dieses ursprüngliche Regelungskonzept hatte auch in Hamburg (Art. 72 Abs. 1 LVerf.) und Hessen (Art. 141 LVerf.) die Schillersche Finanzreform von 1969 überdauert; in Hessen wurde das Staatsschuldenrecht aber 2011 dem Grundgesetz angepasst; Hamburg und Sachsen-Anhalt folgen dagegen dem bayerischen Regelungskonzept.[61] Der nordrhein-westfälische Landtag hat im Dezember 2011 eine Kommission zur Einführung einer Schuldenregelung in Nordrhein-Westfalen eingesetzt.[62]

Für Berlin stellt die im November 2011 von SPD und CDU geschlossene Koalitionsvereinbarung zwar schon für 2016 einen materiell ausgeglichenen Haushalt in Aussicht[63], zu Rechtsänderungen, etwa einer Änderung des noch an den alten Artikeln 109 und 115 GG orientierten Art. 87 Abs. 2 der Verfassung von Berlin, findet man dort aber nichts. Dabei hat Berlin Grund zu besonderer Sorgfalt. Gemäß Art. 143d Abs. 2 Satz 1 GG hat das Land wegen seiner hohen Verschuldung von 2011 bis 2019 Anspruch auf eine jährliche Konsolidierungshilfe von 80 Millionen Euro als Hilfe zur Einhaltung des Gebots eines materiell ausgeglichenen

---

Rn. 78. Zum bisherigen Landesverfassungsrecht *Knop*, Verschuldung im Mehrebenensystem, 2008, S. 112 ff.

[54] Vgl. LT-Drs. 15/632 vom 29. September 2011.
[55] Hess. GVBl. 2011, S. 182.
[56] GVOBl. Mecklenburg-Vorpommern 2011, S. 375.
[57] Nds. LT-Drs.16/3748 mit Änderungsantrag. Dazu kritisch *Henneke* (Fn. 42), NdsVBl. 2011, S. 337 – 340.
[58] Rhl.-Pf. GVBl. 2010, S. 547.
[59] Schl.-H. GVBl. 2010, S. 550.
[60] Ablehnend Bremen; vgl. Brem. Bürgerschaft, Drs. 17/1663, S. 6.
[61] Vgl. jeweils § 18 LHO (in Hamburg in der ab 1. Januar 2013 geltenden Fassung).
[62] LT-Drs. 15/3395. Vgl. auch *Fricke*, Staatsverschuldung in Nordrhein-Westfalen, 2011; *Gebhardt/Kambeck/Matz*, Der NRW-Haushalt für das Jahr 2011: Scheinerfolge bei der Konsolidierung, RWI-Positionen Nr. 47, 2011; Rheinisch-Westfälisches Institut für Wirtschaftsforschung (Hrsg.), Gesetz über die Feststellung des Haushaltsplans des Landes Nordrhein-Westfalen für das Jahr 2012, Stellungnahme (im Internet).
[63] Koalitionsvereinbarung, S. 40.

Haushalts in 2020.⁶⁴ Diesem Anspruch steht eine Rechtspflicht zu einem schrittweisen, jährlichen Abbau der Finanzierungsdefizite gegenüber, der vom Stabilitätsrat überwacht wird, einem aus den Finanzministern von Bund und Ländern und dem Bundeswirtschaftsminister bestehenden gemeinsamen Gremium von Bund und Ländern, das als „Frühwarnsystem" fungieren soll (Art. 109a GG mit Ausführungsgesetz). Ist der Stabilitätsrat mit den Konsolidierungsmaßnahmen und -erfolgen von Berlin unzufrieden, so kann er, nach Maßgabe von § 2 des Konsolidierungshilfengesetzes, bis zum 1. Juni des folgenden Haushaltsjahres beschließen, dass der Anspruch Berlins auf Konsolidierungshilfe für dieses Jahr entfällt. Obwohl 80 Millionen, bezogen auf das Gesamtvolumen des Berliner Landeshaushalts von 2011 knapp 16 Milliarden Euro, nur 0,5 % darstellen, lässt sich damit angesichts der sehr viel geringeren „freien Spitze"⁶⁵ finanzpolitisch Druck ausüben.

3. Europarecht

Neben Landesrecht nimmt die GG-Novelle vom Juli 2009⁶⁶ auch Europarecht in den Blick. Art. 109 Abs. 2 spricht nun wörtlich von den „Verpflichtungen der Bundesrepublik Deutschland aus Rechtsakten der Europäischen Gemeinschaft auf Grund des Artikels 104 des Vertrags zur Gründung der Europäischen Gemeinschaft" und macht mit dem Verb „erfüllen" die dort niedergelegten europarechtlichen Pflichten der

---

⁶⁴ Eine Gewährung von Sanierungshilfen aufgrund einer extremen Haushaltsnotlage ist neben einer Gewährung von Konsolidierungshilfen gemäß § 143d Abs. 2 Satz 6 GG ausdrücklich ausgeschlossen.

⁶⁵ Hierzu *Isensee,* Das Budgetrecht des Parlaments zwischen Sein und Schein, JZ 2005, S. 971 ff. In der Akzentuierung anders das BVerfG, das in seinem Urteil vom 7. September 2011, 2 BvR 987 u.a./2010 (EFSF-Urteil), u.a. NJW 2011, S. 2946, die *Haushaltsverantwortung des Deutschen Bundestages* betont (Textziffern 51, 121, 124, 256); ebenso Urteil vom 28. Februar 2012, 2 BrE 8/11. Dazu *Calliess,* Der Kampf um den Euro: Eine „Angelegenheit der Europäischen Union" zwischen Regierung, Parlament und Volk, NVwZ 2012, S. 1 (4, 7). Den verfassungsgeschichtlichen Anfang dieser Verantwortung markiert ein Zitat des preußischen Königs, das gut zu dem Thema Staatsverschuldung passt: „Wir erklären diesen Staatsschulden-Etat auf immer für geschlossen." (Verordnung wegen der künftigen Behandlung des gesammten Staatsschuldenwesens vom 17.1.1820, PrGS S. 9, in *E.R. Huber,* Dokumente zur deutschen Verfassungsgeschichte, Bd. I, Nr. 23; dazu *ders.,* Deutsche Verfassungsgeschichte seit 1789, Bd. 1, 2. Aufl., 1967, S. 215f., 311; *Pünder,* in: *Friauf/Höfling* (Fn. 39), Art. 115 Rn. 8.

⁶⁶ Zur „Europatauglichkeit" des Grundgesetzes ferner die zuvor erlassenen Artikel 104a Abs. 6 und 109 Abs. 5.

Bundesrepublik Deutschland zu Verfassungspflichten von Bund und Ländern. Es herrscht Einigkeit, dass damit auf Art. 126 des Vertrags über die Arbeitsweise der Europäischen Union Bezug genommen wird, der 4 Monate nach der Föderalismusreform II in Kraft getreten ist und der inhaltlich mit Art. 104 EG-Vertrag übereinstimmt. In der Kommentarliteratur herrscht weiter Einigkeit, dass die Verweisung jedenfalls auch, ja sogar in der Hauptsache Art. 126 AEUV und das dem AEU-Vertrag beigefügte Defizitprotokoll selbst meint und nicht Rechtsakte auf deren Grundlage.[67] Aus dem Sekundärrecht erfasst die Verweisung jedenfalls zwei in der Amtlichen Begründung der Verfassungsänderung ausdrücklich genannte, 2005 reformierte Verordnungen zum Europäischen Stabilitäts- und Wachstumspakt.[68]

Unklar ist, ob auch weitere Rechtsakte gemeint sind und ob Art. 109 Abs. 2 GG eine dynamische Verweisung ist.[69] Gegen beides spricht zunächst, dass dies Rechtsunsicherheit bedeutete. Würde man etwa Beschlüsse der Europäischen Union berücksichtigen, so bekäme man es mit einer schwer überschaubaren und schon jetzt klar zweistelligen Zahl von Rechtsakten zu tun. Das entscheidende Gegenargument ergibt sich aus der verfassungsgebenden Gewalt des deutschen Volkes. Inhaltliche Änderungen von normativen Aussagen des Grundgesetzes können nicht den Schöpfern europäischer Rechtsakte überlassen werden, mag Deutschland auch an europäischer Rechtsetzung wiederum beteiligt sein.[70] Sollte nach dem Brüsseler EU-Gipfel vom Dezember 2011 eine verstärkte Wirtschaftsunion beschlossen werden[71], so wäre dies kein

---

[67] *Häde*, Die Ergebnisse der zweiten Stufe der Föderalismusreform, AöR 135 (2010), S. 541 (543); *Heintzen*, in: *von Münch/Kunig* (Fn. 44), Art. 109 Rn. 18; *Kienemund*, in: *Hömig* (Hrsg.), GG, 9. Aufl., 2010, Art. 109 Rn. 6; *G. Kirchhof*, in: *von Mangoldt/Klein/Starck* (Fn. 18), Art. 109 Rn. 33 – 37; *Jarass*, in: *Jarass/Pieroth* (Fn. 31), Art. 109 Rn. 5; *Kube*, in: *Maunz/Dürig* (Fn. 18), Art. 109 Rn. 79; *Reimer*, in: Beck-OK (Fn. 4), Art. 109 Rn. 26; *Schenke*, in: *Sodan* (Fn. 31), Art. 109 Rn. 6; *Wendt*, in: *von Mangoldt/Klein/Starck* (Fn. 18), Art. 115 Rn. 34.

[68] Zu Recht weist *Heun*, in: *Dreier* (Fn. 36), Art. 109 Rn. 7 darauf hin, dass der „Pakt" nicht Vertrags-, sondern Verordnungsrecht ist.

[69] Dazu *Kube*, in: *Maunz/Dürig* (Fn. 18), Art. 109 Rn. 74. Ferner *Koemm* (Fn. 33), S. 304 – 306.

[70] Dies betrifft etwa die Verordnung Nr. 1174/2011 vom 16. November 2011 über Durchsetzungsmaßnahmen zur Korrektur übermäßiger makroökonomischer Ungleichgewichte im Euro-Währungsgebiet, ABl. L 306/8.

[71] Vgl. in diesem Sinne den Entwurf eines Vertrags für eine europäische Fiskalunion, der am 1.2.2012 vorgestellt worden ist. Er sieht in Art. 3 Nr. 2 Satz 1 vor, dass die Vertragsstaaten „provisions of binding force and permanent character, preferably constitutional" erlassen, die inhaltlich der deutschen „Schuldenbremse" entsprechen.

Rechtsakt aufgrund von Art. 126 AEUV.[72] Wenn damit, auch auf politische Initiativen aus Deutschland, die Vorgaben des Europarechts verschärft werden, würde gleichzeitig die Anbindung von Art. 109 Abs. 2 GG an das Europarecht relativiert und ergäbe sich folgender Kreislauf: Erst wird das close-to-balance-Prinzip, in Konkretisierung der Maastrichter Verschuldungsregeln, Europarecht. Dann übernimmt Deutschland dieses Prinzip in sein Verfassungsrecht und präzisiert es.[73] Schließlich wird diese Präzisierung in das Europarecht reimportiert, und zwar, aus politischen Gründen, in Gestalt eines besonderen völkerrechtlichen Vertrags, der wiederum die Vertragsstaaten ggfs. zu Rechts-, ja Verfassungsänderungen verpflichtet.

V. Zweite These

Insgesamt vermittelt der Überblick über die Rechtsgrundlagen des neuen deutschen Staatsschuldenrechts den Eindruck einer vielschichtigen und vorschriftenreichen Materie. Während dem Staatsschuldenrecht vor 2009 vielfach der Vorwurf gemacht worden ist, es sei lückenhaft und unbestimmt und biete Schlupflöcher und „Hintertürchen", liegt ein Hauptproblem des neuen Staatsschuldenrechts möglicherweise darin, dass es zu starr und technokratisch ist. Dies begründete die Gefahr, dass es in Krisenzeiten, ähnlich wie das bail-out-Verbot des Art. 125 AEUV, trotz ausdrücklicher Notstandsklausel mit Notstandsargumenten gebrochen wird. Dem Verfassungsjuristen drängt sich der Vergleich mit einer überperfekten militärischen Notstandsverfassung auf, deren Kompetenzregeln, wenn es hart auf hart kommt, durch die Medienpräsenz „großer Krisenstäbe" und anderer präterkonstitutioneller Gremien verdrängt werden.[74]

Diese beiden Punkte – zu große oder zu geringe Flexibilität – stehen im Mittelpunkt der folgenden Überlegungen. Die Hauptergebnisse seien vorweggenommen. Das neue Recht ist juristisch präziser; dies ermöglicht

---

[72] Fragen des Verhältnisses beider Verträge, etwa einer Vorrangklausel zugunsten des AEUV, sind hier nicht Thema.

[73] *Pünder*, in: *Friauf/Höfling* (Fn. 39), Art. 115 Rn. 38, weist zu Recht darauf hin, dass das close-to-balance-Prinzip bisher keine definitive europarechtliche Vorgabe ist.

[74] Zum Notstandsrecht: *Isensee*, Verfassung ohne Ernstfall: der Rechtsstaat (1979), in: ders., Recht als Grenze – Grenze des Rechts, 2009, S. 187 (206 – 208).

und erfordert einen kontinuierlichen Abgleich seiner Anwendung mit den finanzpolitischen und volkswirtschaftlichen Realitäten.

VI. Inhaltlicher Vergleich von altem und neuem Recht[75]

In ersten Kommentierungen schlägt dem neuen Recht reichlich Misstrauen entgegen, das in den Zeiten von Art. 115 GG a.F. entstanden ist, der die Verschuldung auf die Summe der im Haushaltsplan veranschlagten Ausgaben für Investitionen begrenzte und Überschreitungen dieser Obergrenze zur Abwehr einer Störung des gesamtwirtschaftlichen Gleichgewichts und, davon unabhängig, bei Sondervermögen des Bundes zuließ. Die Hauptkritikpunkte an dieser alten Regelung lauteten:

1. Bis zur Summe der Investitionsausgaben sei eine Neuverschuldung grundsätzlich unbeschränkt zulässig.
2. Zwischen neuen Schulden und Investitionen gebe es keinen inhaltlichen Zusammenhang, erst recht nicht zwischen Tilgung der Schulden und Abschreibung der Investitionen.
3. Das Investitionskriterium sei in sich unklar.
4. Die Tilgung neuer Schulden gemäß dem Konzept einer antizyklischen Fiskalpolitik sei nicht gewährleistet.
5. Es gehe nur um neue Schulden. Zu Schuldensockel, Altschulden und latenten Schulden[76] äußere die Vorschrift sich nicht.
6. Es gehe nur um den unmittelbaren Staatshaushalt. Sondervermögen und Haushalte der mittelbaren Staatsverwaltung, auf Bundesebene schlagen insoweit vor allem die Sozialversicherungsträger zu Buche, blieben unberücksichtigt.

Die Neuregelung stellt, gemessen hieran, mit der Unterscheidung von struktureller Neuverschuldung, die nur dem Bund erlaubt wird, konjunktureller Neuverschuldung und Verschuldung in Notsituationen überwiegend eine Verbesserung, auf keinen Fall eine Verschlechterung dar. Dies sei nun Punkt für Punkt dargelegt.

---

[75] Methodisch ähnliche Herangehensweise (Vergleich alt – neu, Auflistung möglicher Schwächen des neuen Rechts) bei *Tappe*, Die neue „Schuldenbremse" im Grundgesetz, DÖV 2009, S. 881 – 890. Vgl. weiter *Buscher* (Fn. 15), insb. S. 272 – 416.

[76] Die selbst nach vorsichtigen Schätzungen höher sind als die offiziellen Staatsschulden; vgl. Handelsblatt vom 23./24. September 2011, S. 35 – 39. Vgl. auch *Konrad/Zschäpitz*, Schulden ohne Sühne?, 2010, S. 65.

Zum ersten der sechs Punkte: Während nach altem Recht auch unterhalb der Investitionsgrenze eine Neuverschuldung durch das Gebot begrenzt werden sollte, den Erfordernissen des gesamtwirtschaftlichen Gleichgewichts Rechnung zu tragen[77], ist die Befugnis des Bundes zu struktureller Neuverschuldung in dem vorgegebenen Rahmen von 0,35 % des nominalen BIP frei von ausdrücklichen Vorgaben.[78] Kritiker meinen, dies sei geradezu ein Anreiz, diesen Verschuldungsrahmen auch tatsächlich auszuschöpfen.[79] Dagegen lässt sich zunächst sagen, dass auch die normative Kraft der Erfordernisse des gesamtwirtschaftlichen Gleichgewichts sehr schwach war[80] und dass weiterhin dieses Kriterium als allgemeine Vorgabe an die Haushaltswirtschaft von Bund und Ländern unverändert gilt (Art. 109 Abs. 2 GG am Ende[81]). Vor allem: Das neue Kriterium senkt den Kreditrahmen, verglichen mit der Investitionsgrenze, um mehr als zwei Drittel ab und kann überdies von den Ländern nicht in Anspruch genommen werden. Während nach altem Recht für den Haushaltsgesetzgeber des Bundes die verfassungsrechtliche Problemzone erst bei einer Neuverschuldung von derzeit ca. 25 Mrd. Euro erreicht war, ist dies fortan schon ab ca. 8,5 Mrd. Euro der Fall. Dies ist jedenfalls in quantitativer Hinsicht ein Fortschritt, der sich Relativierung durch juristische Auslegungskunst entzieht.

Zweiter Punkt: Die Verknüpfung von Investitionen und neuen Schulden war eine Achillesferse des alten Rechts, so wie die Konjunkturkomponente die Achillesferse des neuen Rechts ist. Die Vorstellung, eine Neuverschuldung unterhalb der Investitionsgrenze könne für zukünftige Generationen keine unzumutbare Belastung sein, weil sie für die Schulden eine Gegenleistung erhielten, hat sich als Irrtum erwiesen[82], mög-

---

[77] Darauf weist *Korioth,* Das neue Staatsschuldenrecht – zur zweiten Stufe der Föderalismusreform, JZ 2009, S. 729 (736), ausdrücklich hin. Ferner *Reimer,* in: Beck-OK (Fn. 4), Art. 115 Rn. 2; *Schenke,* in: *Sodan* (Fn. 31), Art. 109 Rn. 8.

[78] Zum Verhältnis zwischen struktureller Neuverschuldung und der Verschuldung unterhalb der Investitionsgrenze nach altem Recht *Ryczewski,* Die Schuldenbremse im Grundgesetz, 2010, S. 29.

[79] Dazu *Kube,* in: *Maunz/Dürig* (Fn. 29), Art. 115 Rn. 144, 145, 152, 158, 178, 179; *Siekmann,* in: *Sachs* (Fn. 24), Art. 115 Rn. 41.

[80] *Kube,* ebd., Rn. 46; *Pünder,* in: *Isensee/Kirchhof* (Fn. 17), § 123 Rn. 80, 93.

[81] Zur früheren Doppelschranke (Investitionsjunktim, gesamtwirtschaftliches Gleichgewicht): *Heintzen,* in: *von Münch/Kunig,* Grundgesetz-Kommentar, 5. Aufl., Bd. 3, 2003, Art. 115 Rn. 6.

[82] *Pünder,* in: *Isensee/Kirchhof* (Fn. 17), § 123 Rn. 80, 93; *Siekmann,* in: *Sachs* (Fn. 24), Art. 109 Rn. 59; *Wendt,* in: *von Mangoldt/Klein/Starck* (Fn. 18), Art. 115 Rn. 2.

licherweise auch, weil sie zu langfristig gedacht war. Es gab unter Art. 115 GG 1969 bis 2009 keine sachliche Verknüpfung von Investitionen und Schulden. Die Investitionen sind längst abgeschrieben, die Schulden stehen aber immer noch in den Büchern. Dieser Junktimirrtum ist nun eingestanden und korrigiert.

Investition war zugleich ein Schlüsselbegriff des alten Rechts. Dessen Definition wurde trotz eines verfassungsrechtlichen Gesetzgebungsauftrags als defizitär und missbrauchsanfällig empfunden.[83] Das neue Recht setzt im Bereich konjunktureller Neuverschuldung auf Ökonometrie und übersetzt dies, wie vorhin angedeutet, auf Verfassungs-, Gesetzes- und Verordnungsebene in Paragraphen. Das Unbestimmtheitsproblem ist damit zu einem Gutteil Vergangenheit. Möglicherweise entsteht dafür als neues Problem die schwere Verständlichkeit mathematischer Berechnungsformeln, die politisch gewollt sein und durch zwischen Bund und Ländern divergierende Konkretisierung gesteigert werden kann. Gemäß § 5 Abs. 3 G 115 ergibt die Konjunkturkomponente sich als Produkt aus der Produktionslücke und der Budgetsensitivität; eine Produktionslücke soll gemäß § 5 Abs. 2 G 115 bei einer Unter- oder Überauslastung der gesamtwirtschaftlichen Produktionskapazitäten vorliegen.

In der konjunkturellen Neuverschuldungskomponente lebt das alte Konzept antizyklischer Fiskalpolitik weiter.[84] Anders als bei der Notstandskomponente schreibt die Verfassung hier nach wie vor keinen Tilgungsplan und, erst recht, keine Tilgung vor. Der Gedanke, in wirtschaftlich schlechten Zeiten gemachte Schulden müssten zeitnah in guten Zeiten wieder abgebaut werden, hat in dem Symmetriegebot aber ausdrückliche verfassungsrechtliche Anerkennung erhalten.[85] Gemäß Art. 115 Abs. 1 Satz 5 GG ist das für den Bund in Anlehnung an das sog. Konjunkturbereinigungsverfahren des Europäischen Stabilitäts- und Wachstumspaktes gesetzlich auszugestalten. Dies ist eine Verbesserung im Verhältnis zum alten Recht.

In einem fünften Punkt verharrt die Neuregelung dagegen auf dem Niveau des alten Rechts. Auch bei ihr geht es lediglich um Drosselung, im Idealfall um Stopp der Nettoneuverschuldung. Ein Abbau

---

[83] Hierzu die Sondervoten *di Fabio/Mellinghoff,* BVerfGE 119, 96, 155, 159 f. und *Landau,* ebd., 174 – 180. Zu der Frage, ob Ausbildungsausgaben als Investitionen in „human capital" angesehen werden dürfen, zu Recht ablehnend BVerfGE 79, 311, 317. Vgl. auch *Pünder,* in: *Isensee/Kirchhof* (Fn. 17), § 123 Rn. 37; *Schenke,* in: *Sodan* (Fn. 31), Art. 109 Rn. 8.

[84] *Kloepfer* (Fn. 33), § 26 Rn. 313 spricht davon, beide Konzepte würden „verheiratet".

[85] *Reimer,* in: Beck-OK (Fn. 4), Art. 109 Rn. 72.

der Altschulden, die das Bundesverfassungsgericht, jedenfalls in einem Sondervotum, als „exorbitant" und „Klotz am Bein" bezeichnet[86], liegt derzeit außerhalb ihres Regelungshorizonts. Das neue deutsche Schuldenverfassungsrecht bleibt insoweit hinter den Maastrichter Stabilitätskriterien von 1992 zurück, die es verbieten, dass der öffentliche Schuldenstand 60 % die Bruttoinlandsprodukts zu Marktpreisen überschreitet (Art. 1, 2. Spiegelstrich des Protokolls über das Verfahren bei einem übermäßigen Defizit). Weiterhin wird nicht thematisiert, wer die Gläubiger des Staates sind, Inländer oder Ausländer, und ob diese Gläubiger auf staatliche Schulden als Kapitalanlagemöglichkeit vielleicht angewiesen sind, etwa um die Kapitalstöcke nicht umlagefinanzierter Alterssicherungssysteme zu sichern.[87] Nicht erfasst sind weiterhin sog. Kassenverstärkungskredite, d.h. kurzfristige, spätestens 6 Monate nach Ablauf des Haushaltsjahres zu tilgende Kredite, die insbesondere dem Ausgleich von Einnahmeschwankungen, z.B. infolge wichtiger Steuertermine, dienen.[88] Nicht erfasst sind Umschuldungen und Verwaltungs- im Unterschied zu Finanzschulden.[89] Nicht erfasst sind schließlich Bürgschaften im Rahmen des Euro-Rettungsschirms, solange sie nicht in Anspruch genommen werden.[90] Im Unterschied zum alten Recht wird aber der 2010 erreichte Neuverschuldungsstand zu einer Größe, welche den Entscheidungsspielraum des Haushaltsgesetzgebers dauerhaft in einem rechtlichen Sinne verengt.[91] Seit 2011 befinden Bund und Länder sich im „Schuldensinkflug".

Während unter dem alten Recht unklar war, wie mit Nebenhaushalten zu verfahren ist[92], ob insbesondere deren Schulden zu konsolidieren sind, nimmt Art. 109 Abs. 3 Satz 1 GG mit der Formulierung „die Haushalte von Bund und Ländern" die Haushalte selbstständiger, öffentlich-rechtlicher und privatrechtlicher juristischer Personen der mittelbaren Staatsverwaltung aus dem Anwendungsbereich der „Schul-

---

[86] Sondervotum *di Fabio/Mellinghoff,* BVerfGE 119, 96, 155, 156.

[87] Zu Fragen der Gläubigerstruktur *Ohler,* Die Finanzkrise als Herausforderung für die Nachhaltigkeit staatlicher Verschuldungspolitik, in: *Kahl* (Hrsg.), Nachhaltige Finanzstrukturen im Bundesstaat, 2011, S. 208 (211 f.).

[88] Vgl. *Mayer* (Fn. 4), S. 306 – 308, der darauf hinweist, dass der Bund 2008 insoweit 26,7 Mrd. Euro aufgenommen hat.

[89] Dazu *Heintzen,* in: *von Münch/Kunig* (Fn. 44), Art. 115 Rn. 10; *Pünder,* in: *Friauf/Höfling* (Fn. 39), Art. 115 Rn. 47 – 52.

[90] Dazu *Henneke,* in: *Schmidt-Bleibtreu/Hofmann/Hopfauf* (Fn. 6), Rn. 56; *Pünder,* in: *Friauf/Höfling* (Fn. 39), Art. 115 Rn. 55.

[91] Zum alten Recht BVerfGE 119, 96, 147.

[92] Zum Berliner Recht BerlVerfGH, Beschluss vom 21.3.2003, VerfGH 6/01, LVerfGE 14, 35.

denbremse" heraus. Zur Begründung wird angeführt, die Einbeziehung der Defizite etwa von Sozialversicherungsträgern und Kommunen stelle sowohl inhaltlich als auch in der zeitlichen Abfolge unerfüllbare Informationsanforderungen.[93] Diese Begründung überzeugt nicht.[94] Was auf Bundes- und Landesebene nicht erfüllbar sein soll, ist im europäischen Rahmen gemäß Art. 2, 1. Spiegelstrich EU-Defizitprotokoll geltendes Recht.[95] Die Neuregelung bleibt hier hinter ihrem eigenen Anspruch zurück.[96] Als Rechtfertigung könnte man anführen, es sei unrealistisch, von jedem einzelnen der vielen Träger mittelbarer Staatsverwaltung einen materiell ausgeglichenen Haushalt zu erwarten, und weiterhin würden die Verschuldungstatbestände auf sie überwiegend nicht passen. Positiv ist dagegen, dass die alte Ausnahmeregelung für nichtrechtsfähige Sondervermögen ersatzlos gestrichen worden ist.[97] Diese Ausnahmeregelung war zeitweise das größte „Hintertürchen" des alten Rechts.

VII. Mögliche Schwächen des neuen Rechts

Gemessen am alten Recht, kann man also sagen, das neue Recht sei ein Fortschritt.[98] Es stellt sich als nächstes die Frage, ob, gemessen an seiner Leitidee, das neue Recht Schwächen aufweist. Die Leitidee besteht darin, die beständige Nettoneuverschuldung öffentlicher Haushalte zu stoppen und so politische Handlungsfähigkeit und Generationengerechtigkeit wieder zu stärken. Die Antwort auf die gestellte Frage fällt nach gut einem Jahr Geltung des neuen Rechts leichter. Ausgehend von einer Stel-

---

[93] BT-Drs. 16/12410, S. 10.
[94] Ebenso mit anderer Argumentation *Reimer*, in: Beck-OK (Fn. 4), Art. 109 Rn. 52, 53.
[95] Kritisch *Heintzen*, in: *von Münch/Kunig* (Fn. 44), Art. 109 Rn. 26; *Henneke*, „Föderalismus in Fesseln", NdsVBl. 2009, S. 121 (125); ders. (Fn. 42), NdsVBl. 2011, S. 330; *Kube*, in: *Maunz/Dürig* (Fn. 18), Art. 109 Rn. 119; *Reimer*, in: Beck-OK (Fn. 4), Art. 109 Rn. 51; *Siekmann*, in: *Sachs* (Fn. 24), Art. 109 Rn. 17 ff.
[96] Zum Umgehungspotential: *Heun*, in: *Dreier* (Fn. 36), Art. 115 Rn. 13, 24.
[97] Ebenso *Kube*, in: *Maunz/Dürig* (Fn. 29), Art. 115 Rn. 51; *Siekmann*, in: *Sachs* (Fn. 24), Art. 115 Rn. 6; vgl. auch schon *Pünder*, in: *Isensee/Kirchhof* (Fn. 17), § 123 Rn. 83.
[98] *Reimer*, Nachhaltigkeit durch Begrenzung der Staatsverschuldung – Bilder und Perspektiven, in: *Kahl* (Hrsg.), Nachhaltige Finanzstrukturen im Bundesstaat, 2011, S. 147 (165) spricht von einem „Meilenstein".

lungnahme der Präsidentinnen und Präsidenten der Rechnungshöfe des Bundes und der Länder[99] kristallisieren sich folgende Schwachpunkte heraus.

- Im Verhältnis der drei Verschuldungstatbestände gibt es Zuordnungsprobleme.[100] So kann man sich fragen, ob die Finanzmarktkrise von 2008 ein konjunkturelles Ereignis oder eine Notsituation ist[101] und ob dies drei oder vier Jahre später bei besserer Konjunktur auch noch gilt.[102] Diese Zuordnungsprobleme eröffnen Umgehungsmöglichkeiten, weil die Konjunkturkomponente im Verhältnis zu den beiden anderen Verschuldungstatbeständen in Tatbestand und Rechtsfolge flexibler ist. – In der Phase des „Schuldensinkflugs" muss die tatsächliche Neuverschuldung in eine Struktur- und eine Konjunkturkomponente zerlegt werden, um finanzplanerisch die nötigen Abbauschritte berechnen zu können.
- Die Anforderungen der Konjunkturkomponente sind nicht auf Haushaltsjahre, sondern auf in der Regel längere Konjunkturzyklen bezogen, was eine juristische Kontrolle einzelner Haushalte erschwert.[103] Weiterhin verlaufen Konjunkturauf- und Konjunkturabschwünge in aller Regel nicht symmetrisch[104]; überdies antizipiert die Politik gegen Ende von Aufschwungphasen immer schon den nächsten Abschwung; all dies kann zu Verzerrungen führen.
- Die Konzentration auf die Kernhaushalte des Bundes und der Länder lässt die Problematik von Nebenhaushalten, der Staatsfinanzierung über Dritte und der Abwälzung von Schulden etwa auf Kommunen und Sozialversicherungsträger[105] aktuell bleiben. Staatsfinanzierung

---

[99] Vom 5. Mai 2010, u.a. in Nds. LT-Drs. 16/2815, S. 37f.

[100] Vgl. auch *Mayer* (Fn. 4), S. 318f. Weiter *Kube,* in: *Maunz/Dürig* (Fn. 18/29), Art. 109 Rn. 213, Art. 115 Rn. 194; *Siekmann,* in: *Sachs* (Fn. 24), Art. 109 Rn. 72.

[101] Zur Unterscheidung von exogenen Schocks und Auswirkungen zyklischer Konjunkturverläufe u.a. *Henneke* (Fn. 28), S. 98ff. Zu konjunkturellen Auswirkungen von Notsituationen *Reimer* (Fn. 98), S. 159.

[102] Zur Verbindlichkeit von Tilgungsplänen *Reimer* (Fn. 98), S. 161f.

[103] Ebd., S. 277ff. Zu diesem Problem, bezogen auf das alte Recht, BVerfGE 119, 96, 143 u. Sondervotum *di Fabio/Mellinghoff,* BVerfGE 119, 96, 155, 162, 164.

[104] *Kube,* in: *Maunz/Dürig* (Fn. 18/29), Art. 109 Rn. 175, Art. 115 Rn. 158.

[105] Vgl. hierzu *Henneke,* in: *Schmidt-Bleibtreu/Hofmann/Hopfauf* (Fn. 6), Art. 109 Rn. 49. Deren Verschuldungsfähigkeit ist hier vorausgesetzt; diese fehlt der gesetzlichen Krankenversicherung, §§ 220, 222 SGB V; vgl. *Rixen,* Die Finanzierung der Gesetzlichen Krankenversicherung, in: *Sodan* (Hrsg.), Handbuch des Krankenversicherungsrechts, 2010, § 36 Rn. 23 – 25.

über Dritte[106], etwa PPP-Modelle oder ein Vorziehen von Liquidität im Staatshaushalt durch Einschaltung der Kreditanstalt für Wiederaufbau, ist jedoch projektbezogen, rechtskonstruktiv aufwändig und eignet sich wenig für finanzpolitisch ins Gewicht fallende Umgehungen der „Schuldenbremse".

- Die in der Übergangszeit geltenden Maßstäbe müssten klarer sein. So hat das Land Niedersachsen für 2012/13 einen Haushaltsgesetzentwurf vorgelegt, der eine Neuverschuldung vorsah, die größer als die Investitionssumme war. Dies wurde im Kern damit gerechtfertigt, das alte Investitionsjunktim gelte nicht mehr und die Kriterien der neuen „Schuldenbremse" müssten erst 2020 beachtet werden.[107] Weiterhin kann der Bund gemäß Art. 143d Abs. 1 Satz 5 bis einschließlich 2015 von Art. 115 Abs. 2 Satz 2 GG, dem close-to-balance-Prinzip, in einer nicht näher präzisierten Weise abweichen; auch insoweit wird man mindestens von einer Fortgeltung des Investitionsjunktims alten Rechts auszugehen haben.[108] Für die „reicheren" Bundesländer ergibt dies sich aus der Verweisung auf die 2009 geltenden landesrechtlichen Regelungen in Art. 143d Abs. 1 Satz 3 GG.
- Der „Schuldensinkflug" hin zu materiell ausgeglichenen Haushalten 2016 und 2020 startet 2010 vom höchsten je in der Bundesrepublik Deutschland erreichten Neuverschuldungsniveau. Das macht es der Politik jedenfalls zu Anfang leicht, Erfolge vorzuweisen.
- Eine weitere Schwäche könnte in Divergenzen zwischen Haushaltsplanung und Haushaltsvollzug liegen.[109] Hier trifft Art. 115 Abs. 2 Satz 4 GG aber gewisse Vorsorge.[110] Solche Abweichungen müssen auf einem Kontrollkonto explizit erfasst werden und sind, sobald ein freilich hoch[111] angesetzter Grenzwert überschritten wird, konjunkturgerecht zurückzuführen.

---

[106] Einzelheiten bei *Mayer* (Fn. 4), S. 310 – 313.
[107] Dazu auch oben in Fußnote 42.
[108] So auch *Pünder*, in: *Friauf/Höfling* (Fn. 39), Art. 115 Rn. 156.
[109] Zu Nachtragshaushalten insoweit das Sondervotum *di Fabio/Mellinghoff,* BVerfGE 119, 96, 155, 168 – 170.
[110] Zu Fragen der Rechtsanwendung: *Henneke,* in: *Schmidt-Bleibtreu/Hofmann/Hopfauf* (Fn. 6), Art. 115 Rn. 28 f.
[111] Kritisch *Korioth* (Fn. 77), S. 733; *Kube,* in: *Maunz/Dürig* (Fn. 29), Art. 115 Rn. 179; *Ryczewski* (Fn. 78), S. 187 f. *Lenz/Burgbacher,* Die neue Schuldenbremse im Grundgesetz, NJW 2009, S. 2561, 2565, sprechen von einem „Dispo-Kredit". Vgl. auch § 7 G 115.

VIII. Justiziabilität des neuen Rechts

Eine entscheidende Rolle im juristischen Umgang mit diesen Problemen und Fragen wird das Bundesverfassungsgericht spielen, das sich zum neuen Recht noch nicht äußern konnte. Wichtig wird vor allem sein, welche Kontrolldichte dieses Gericht im Verhältnis zum Inhaber der Budgethoheit, im Wesentlichen also dem Bundestag, in Anspruch nimmt, weiterhin wer vor ihm als Kläger aktiv werden kann und welche Rechtsfolgen negative Entscheidungen für Staatshaushalte und Kredite haben können.

1. Gerichtliche Kontrolldichte

Zu „gerichtlicher Kontrolldichte" muss als erstes berichtet werden, dass sich das Bundesverfassungsgericht selbst nicht mit Ruhm bekleckert hat.[112] Es wurde schon berichtet, das Bundesverfassungsgericht habe Art. 115 GG a.F. als defizitär gerügt. An dieser Stelle ist nachzutragen, dass diese Rüge von fünf von acht Richtern erteilt worden ist, während drei Richter in zwei Sondervoten das Bundesverfassungsgericht in ebenfalls deutlichen Worten dafür rügen, seine Kontrollaufgabe nicht hinreichend wahrgenommen zu haben. In den Sondervoten heißt es, dass die fünf Richter, deren Votum die Entscheidung trägt, jedes Bemühen vermissen lassen, das alte Staatsschuldenrecht so auszulegen, dass es effizient sein könne[113]; weiterhin ist mehrfach und substantiiert von Verdrängung und Versäumnis die Rede.[114]

Es ist schwer, die künftige Position des Bundesverfassungsgerichts zur Intensität seiner Kontrolle zu prognostizieren. Für eine strengere Kontrolle spricht, dass der verfassungsändernde Gesetzgeber zeitlich klar finalisierte Vorgaben zu einer zentralen politischen Frage macht und dabei Zahlen[115] verwendet oder zu einem Ausführungsrecht verpflichtet, das mit Zahlen operiert. Ersteres gilt insbesondere für das Staatsziel in

---

[112] Zu Justiziabilitätsfragen monographisch *Neidhardt*, Staatsverschuldung und Verfassung, 2010; *Koemm* (Fn. 33), S. 168 f.

[113] Sondervotum *Landau,* BVerfGE 119, 96, 174.

[114] Sondervotum *di Fabio/Mellinghoff,* ebd., u.a. auf S. 156, 161, 165. Die Frage, ob Art. 115 GG n.F. dem Art. 115 GG a.F. überlegen ist, wenn man sie beide nach den strengen Maßstäben der Sondervoten auslegt, ist leider akademisch.

[115] Zur Bedeutung von Zahlen für die Wirksamkeit von Verfassungsrecht *P. Kirchhof,* Die Steuern, in: *Isensee/Kirchhof* (Fn. 17), § 118 Rn. 138: Sie steigt,

Art. 109 Abs. 2 und die Übergangsvorschrift in Art. 143d GG. Die dazwischen liegende „Schuldenbremse" in Art. 109 Abs. 3 und Art. 115 Abs. 2 GG weist viele unbestimmte Rechtsbegriffe auf, von denen aber bei weitem nicht alle dem Ausführungs- und dem Haushaltsgesetzgeber eine Einschätzungsprärogative im Verhältnis zum Bundesverfassungsgericht geben.[116] Voller gerichtlicher Kognition unterliegen insbesondere die Merkmale der Notstandskomponente, die im Übrigen zum Teil auch an anderer Stelle im Grundgesetz verwandt werden[117]; eine Ausnahme ist hier das Merkmal „konjunkturgerecht" bei der Tilgungspflicht. Die Konjunkturkomponente ist weniger justiziabel. Mit „berücksichtigen" ist zwar eine echte Rechtspflicht gemeint. Bei „Abweichungen der konjunkturellen Entwicklung von der Normallage" und deren „Auswirkungen auf den Haushalt" ist das Bundesverfassungsgericht aber auf eine Vertretbarkeitskontrolle beschränkt.[118] Diese Kontrolle wird im Verlauf eines Konjunkturzyklus intensiver, weil gegen Ende klarer abzusehen ist, ob es gelingt, Symmetrie zwischen den Auswirkungen von Aufschwung und Abschwung herzustellen.[119] Diese Intensivierung wird dadurch wieder ein Stück weit zurückgenommen, dass in der ex-ante-Perspektive des Haushaltsgesetzgebers Konjunkturzyklen nicht genau vorhersehbar sind. Vertretbarkeitskontrolle bedeutet vor allem, dass die Politik von sachverständigen Bewertungen nicht ohne Grund erheblich abweichen darf und sich, wenn sie es doch tut, gefallen lassen muss, dass ihre Bewertungen vom Bundesverfassungsgericht als unrichtig gerügt werden. Dabei schränkt die Politik ihre Spielräume selbst ein, indem sie ein dichtes Netz solcher Bewertungen knüpfen lässt.

Zwei Argumentationsschablonen waren besonders gebräuchlich, um Schulden und deren Nichtabbau zu legitimieren. Es wurde geltend gemacht, die Kürzung staatlicher Leistungen und Steuererhöhungen würden die Binnennachfrage in Deutschland beeinträchtigen und so konjunkturschädlich und deflationär wirken („Wachstum statt Sparen").

---

obwohl Juristen ein Stück Subsumtionshoheit an Ökonomen abgeben. Vgl. auch *Ohler* (Fn. 87), S. 224.

[116] Weitgehend *Reimer,* in: Beck-OK (Fn. 4), Art. 115 Rn. 10: „Art. 115 GG ist in allen seinen Teilen voll justiziabel."

[117] *Mayer* (Fn. 4), S. 286 f., wo auf Art. 35 Abs. 2 Satz 2 und Abs. 3 Satz 1 GG hingewiesen wird, die keine Beurteilungsspielräume eröffnen.

[118] BVerfGE 79, 311, 344; 119, 96, 140 f. Zum Ermessen des Rates im Verfahren der europäischen Defizitkontrolle: EuGH, Urteil vom 13. Juli 2004, C-27/04, Rn. 80; vgl. weiter *G. Kirchhof,* in: *von Mangoldt/Klein/Starck* (Fn. 18), Art. 109 Rn. 70; *Kube,* in: *Maunz/Dürig* (Fn. 18), Art. 109 Rn. 235; *Reimer* (Fn. 98), S. 152; *Ryczewski* (Fn. 78), S. 94 – 103.

[119] *Mayer* (Fn. 4), S. 281.

Es wurde weiter geltend gemacht, eine dauerhaft hohe Arbeitslosigkeit bedeute eine dauerhafte Störung des gesamtwirtschaftlichen Gleichgewichts, dies auch außerhalb von echten Rezessionszeiten. Beides läuft in der Tat darauf hinaus, dass eine Schuldenspirale sich immer weiter drehen kann.[120] Inzwischen bremst das Ausmaß der Staatsverschuldung gerade auch die Möglichkeiten ihres Abbaus.[121]

Beide Argumentationsschablonen werden es in Zukunft schwerer haben. Art. 109 Abs. 3 Satz 2 und Art. 115 Abs. 2 Satz 3 GG fordern ausdrücklich dazu auf, in Aufschwungzeiten Defizite abzubauen und Überschüsse anzulegen. Es wäre widersprüchlich, wenn genau dem entgegengehalten werden könnte, es gefährde den konjunkturellen Aufschwung. Die Verfassung erwartet hier, dass dieses Risiko eingegangen wird und staatliche Wirtschaftspolitik sich anders behilft. Weiterhin widerspricht die These von der Dauerstörung durch Arbeitslosigkeit dem in den beiden Normen zugrunde liegenden Bild von Konjunkturzyklen, bei denen die Dauer von Abschwungphasen zwar nicht genau festliegt, bei denen Abschwung aber auch kein Dauerphänomen ist. Hier muss gelten, was in dem Sondervotum der Richter *di Fabio* und *Mellinghoff* so formuliert ist: Wem die Kürzung staatlicher Leistungen oder die Erhöhung von Steuern zu hart und wirtschaftlich unvernünftig erscheinen, der sollte jedenfalls nicht nach neuen wirksameren verfassungsrechtlichen Regeln rufen, denn rechtliche Schuldenbegrenzungen haben dann, wenn sie tatsächlich greifen, immer derartige Effekte.[122]

2. Prozessuales und Rechtsfolgen

Haushaltsgesetze sind formelle Gesetze. Trotzdem unterliegen sie und die in ihnen enthaltenen Haushaltspläne[123] der Kontrolle durch das Bundesverfassungsgericht[124] und die Landesverfassungsgerichte[125]. In

---

[120] Was keine überraschende Erkenntnis ist. Schon *Adam Smith* behauptete, dass, wenn öffentliche Schulden eine bestimmte Höhe überschritten hätten, sie kaum je auf gerechte Weise und vollständig getilgt werden können (An Inquiry into the Nature and Causes of the Wealth of Nations, zitiert nach *Pünder,* in: *Friauf/Höfling* (Fn. 39), Art. 115 Rn. 1 (a.E.)).

[121] Sondervotum *di Fabio/Mellinghoff,* BVerfGE 119, 96, 155, 172.

[122] Ebd., 171 Mitte.

[123] Zum Verhältnis von Haushaltsplan und Haushaltsgesetz *Gröpl,* in: Bonner Kommentar zum Grundgesetz, Art. 110 Rn. 56 (Stand: Dezember 2001); *Heintzen,* in: *von Münch/Kunig* (Fn. 44), Art. 110 Rn. 3.

[124] BVerfGE 79, 311; 99, 57; 119, 96.

[125] VerfGH Berlin, LKV 2004, S. 76; VerfGH Brandenburg, NVwZ-RR

Betracht kommen abstrakte Normenkontrolle, weiterhin Organstreitverfahren und Bund-Länder-Streit sowie darauf bezogener vorläufiger Rechtsschutz.[126] Die Klägerrolle bei den beiden zuerst genannten Verfahren wird typischerweise von der parlamentarischen Opposition wahrgenommen.

Die Verfassungsbeschwerde scheidet dagegen aus. Die Art. 109 und 115 GG begründen keine subjektiven Rechte; durch den Haushaltsplan werden Ansprüche oder Verbindlichkeiten Dritter weder begründet noch aufgehoben (§ 3 Abs. 2 Haushaltsgrundsätzegesetz und § 3 Abs. 2 BHO). Man kann auch nicht sagen, übermäßige Staatsverschuldung höhle die Budgethoheit des Parlamentes aus und verletze so auch das verfassungsbeschwerdefähige Wahlrecht aus Art. 38 Abs. 1 Satz 1 GG. Diese Anleihe bei der ohnehin schon weitgehenden Rechtsprechung des Bundesverfassungsgerichts zur Beschwerdebefugnis gegen die Übertragung von Hoheitsrechten auf die Europäische Union[127] geht zu weit; in der europäischen Ausgangskonstellation geht es immerhin noch um juristisch greifbare Rechtsakte, hier aber um faktische volkswirtschaftliche Effekte.

Die Nichtigerklärung eines Haushaltsgesetzes ist nur im Verfahren der abstrakten Normenkontrolle möglich, denn nur in ihm ist die Entscheidung kassatorisch, nicht feststellend. Ergeht eine solche Entscheidung, darf der betroffene Haushalt nicht vollzogen werden und muss der Vollzug rückgängig gemacht werden. Letzteres ist freilich leichter gesagt als getan. Der Rückabwicklung dürfte vielfach entgegenstehen, dass im Haushaltsvollzug Rechtsgeschäfte getätigt worden sind, deren Wirksamkeit von einer regelmäßig später erfolgenden Nichtigerklärung des Haushalts nicht tangiert wird. Dies gilt insbesondere für die Kreditgeschäfte mit privaten Gläubigern. Die Art. 109 und 115 GG sind keine Verbotsgesetze im Sinne von § 134 BGB. Insoweit gilt, dass Haushaltsrecht Binnenrecht der Staatsorganisation ist. Dies ist auch unter dem neuen Recht weitgehend einhellige Meinung[128], für die spricht,

---

2009, S. 185; StGH Bremen, NordÖR 2011, S. 484; VerfGH Mecklenburg-Vorpommern, LKV 2006, S. 23; VerfGH Nordrhein-Westfalen, NVwZ 2007, S. 1422; VerfGH Nordrhein-Westfalen, NVwZ 2011, S. 805.

[126] *G. Kirchhof*, in: *von Mangoldt/Klein/Starck* (Fn. 18), Art. 109 Rn. 71; *Wendt*, ebd., Art. 115 Rn. 62.

[127] Zuletzt BVerfG, Urt. vom 7.9.2011, 2 BvR 987, 1099, 1485/10, NJW 2011, S. 2946, Rn. 98. Mit Blick auf die Staatsfinanzen BVerfGE 123, 267 (361 f.).

[128] Zur sich davon unterscheidenden Haltung des U.S. Supreme Court: Bowen v. Public Agencies Opposed to Social Security Entrapment, 477 U.S. 41, 52 (1986).

dass eine Erstreckung der Nichtigkeitsfolge auf die Kreditgeschäfte Ansprüche der Gläubiger aus ungerechtfertigter Bereicherung auslöste, die das finanzpolitische Problem bestehen ließen, ja verschärften, weil die Gläubiger auf diese für sie schwer kalkulierbare Rechtsunsicherheit mit Zinsaufschlägen reagieren würden.

Noch aus einem weiteren Grund ist die Effektivität von Schuldenverfassungsrecht auf der Rechtsfolgenseite eingeschränkt. Verfahren vor dem Bundesverfassungsgericht können dauern. So hat das Bundesverfassungsgericht erst im April 1989 über die Verfassungsmäßigkeit des Haushaltsgesetzes von 1981 entschieden – und diese letztlich bejaht. Wegen des Annuitätsprinzips haben Haushaltsgesetze ein „Verfalldatum"; wird dieses überschritten, tritt Erledigung ein.[129] Diesem Problem kann mit einstweiligen Anordnungen oder Vollstreckungsanordnungen ein Stück weit begegnet werden, doch es bleibt dabei, dass im Staatsschuldenrecht ein Verfassungsgericht häufig zu spät kommen wird, was möglicherweise auch der Hauptgrund dafür ist, dass das Bundesverfassungsgericht seine Kontrollaufgabe hier nur zurückhaltend formuliert.

IX. Ökonomische Alternativlosigkeiten und politische Eigendynamik hoher Schulden

Selbst und gerade wenn das neue deutsche Schuldenverfassungsrecht normativ hinreichend bestimmt und justiziabel[130] ist, können ökonomische Alternativlosigkeiten und politische, sozialstaatsbräsige Eigendynamiken hoher Schulden seinen Erfolg vereiteln. Während man bei Art. 115 GG a.F. noch streitet, ob die Vorschrift selbst oder nur ihre Anwendung schlecht waren, dürften beim neuen Recht die Dinge klarer sein. Ob der „Schuldensinkflug" des Bundes zu einer sicheren Landung bei einem materiell ausgeglichenen Haushalt im Jahr 2016 führt, ist feststellbar; eine Verfehlung dieses Ziels dürfte schwer zu bestreiten sein, dies ein weiteres Argument für hinreichende Bestimmtheit und Justitiabilität der „Schuldenbremse". Es geht auf Bundesebene darum, die Nettoneuverschuldung von 2011 tatsächlich gut 30 Mrd. Euro[131] auf 2016 grundsätzlich maximal 8,4 Mrd. Euro zu senken. Ob dies gelingt, ist ungewiss. Als Jurist

---

[129] Zu deren Auswirkungen auf die Zulässigkeit verfassungsgerichtlicher Verfahren BVerfGE 79, 311, 327f.
[130] Positive Einschätzung auch bei *Heun*, in: *Dreier* (Fn. 36), Art. 115 Rn. 48.
[131] Zahl gemäß Finanzbericht des Bundes für 2011 (Fn. 11), S. 12.

kann man derzeit angesichts einer bis 2015 reichenden mittelfristigen Finanzplanung nur sagen: Der verfassungsändernde Gesetzgeber hat sich mutig weit aus einem ökonomischen Fenster gelehnt. Ein dem neuen Recht kritischer Jurist würde ergänzen, der Zeithorizont 2016 bzw. 2020 sei angesichts der Unabwägbarkeiten des konjunkturellen Geschehens so weitgehend, dass sogar eine Änderung der Normen vor ihrem vollständigen Inkrafttreten nicht ausgeschlossen erscheint[132]; schließlich steigen 2011 und 2012 trotz guter Konjunktur die Schulden weiter an.

Folgende Szenarien für den Haushalt des Bundes sind denkbar, je nachdem, ob es bis 2016 zu weiteren Ereignissen vom Kaliber Lehman Brothers oder Griechenland kommt oder nicht, je nachdem also, ob der „Schuldensinkflug" turbulent verläuft oder nicht. Ein konkret vorstellbares Risiko wäre eine Inhaftungnahme der Bundesrepublik Deutschland für Bürgschaften im Rahmen des Euro-Rettungsschirms.

Je nach Heftigkeit dieser Turbulenzen ist dann zu unterscheiden:
- Worst case: Der Euro oder die Regelungen des „Europäischen Stabilitäts- und Wachstumspaktes" sind in Gefahr. Dann gilt, dass durch die Verweisung in Art. 109 Abs. 2 GG die grundgesetzliche „Schuldenbremse" sich an deren Schicksal gebunden hat.
- Die Krise lässt sich nur durch Inanspruchnahme der Notstandsvariante in Art. 109 Abs. 3 Satz 2, 2. Alternative bzw. Art. 115 Abs. 2 Satz 6 GG abwenden. Anders als bei den Krisen bis 1.1.2011 wäre für die dann einsetzende massive Neuverschuldung ein Tilgungsplan erforderlich, der die Verwirklichung des close-to-balance-Prinzips auf unbestimmte Zeit verschieben könnte.
- Die Krise ist nicht so schlimm. Sie lässt sich in dem in zeitlicher Hinsicht von Konjunkturzyklen bestimmten Konzept der „Schuldenbremse" auffangen.

Wenn die Haushaltskonsolidierung misslingt, egal ob infolge konjunkturell oder notstandsbedingter oder sonstwie begründeter neuer Kredite, könnte wieder der verfassungsändernde Gesetzgeber gefragt sein, der 2016 vor einem Scherbenhaufen eines dann sieben Jahre alten Reformversuchs stünde, dessen Unansehnlichkeit sich nicht mit Beurteilungsspielräumen und Entscheidungsprärogativen einnebeln ließe. Der verfassungsändernde Gesetzgeber könnte aber auch gefordert sein, wenn die Haushaltskonsolidierung tatsächlich gelänge, denn die Vorstellung, ab 2016 oder 2020 würden Bund und Länder weiterwirtschaften mit zwar dauerhaft ausgeglichenen Haushalten, aber mit einem

---

[132] *Kloepfer* (Fn. 33), § 26 Rn. 103; *Korioth* (Fn. 77), S. 730 l. Sp.

billionenschweren Schuldensockel und Zinslasten, die voll aus regulären Einnahmen zu bestreiten sind, ist finanzpolitisch nicht sinnvoll. Auch dies spricht für die These, das neue Recht sei ein Übergangsphänomen, sein Hauptzweck sei, nach gut 40 Jahren eine Trendwende zu erzwingen.

Eine Gegenthese lässt sich durch einen Blick auf den Europäischen Stabilitäts- und Wachstumspakt formulieren; dort scheint man sich inzwischen daran gewöhnt zu haben, dass der Referenzwert einer öffentlichen Gesamtverschuldung von maximal 60 % des Bruttoinlandsprodukts zu Marktpreisen von zahlreichen Mitgliedstaaten für längere Zeit und dauerhaft überschritten wird; von 27 EU-Mitgliedstaaten lagen 2010 zwölf klar darüber; Deutschland, mit einem Wert von derzeit gut 80 %, verstößt mit der einen Unterbrechung des Haushaltsjahres 2001 seit 1997 ständig gegen dieses Kriterium.[133] Um die Zahlen zu veranschaulichen, sei dreierlei ergänzt: Die entsprechenden Zahlen für die USA und für Japan lauten 100 % bzw. 233 %. Im Fall der USA bedeutet die rundlich klingende Zahl 100 %, dass alle US-Amerikaner ein Jahr lang ausschließlich für öffentliche Kassen der USA arbeiten müssten, um die Schuld zu tilgen, und dass sie in dieser Zeit aus öffentlichen Kassen nichts zu erwarten hätten, es sei denn, sie gehörten zu den Gläubigern. Drittens: Diese Zahlen spiegeln nur die öffentlichen Schulden; setzt man alle Schulden, auch private Schulden, in eine Relation zum BIP, so ergibt sich für Deutschland der beängstigende Wert von 210 %, was unter den westlichen Industrieländern sogar noch relativ gut ist (EU-Durchschnitt 258 %, USA 254 %).

X. Abschließende Betrachtung

Staatsverschuldung kann sehr unterschiedlich bewertet werden. David Ricardo hat sie als eine der schrecklichsten Geißeln charakterisiert, die je zur Plage der Nationen erfunden worden sind; Lorenz von Stein dagegen meinte, ein Staat ohne Schulden fordere zu viel von der Gegenwart und leiste zu wenig für die Zukunft.[134] Die Bewertung durch den verfassungsändernden Gesetzgeber scheint klar. In Art. 109 Abs. 2 GG steht Haushaltsdisziplin nun vor den Erfordernissen des gesamtwirtschaftli-

---

[133] Zahlen gemäß der Internetpräsentation des Bundesministeriums der Finanzen.
[134] Fundstellen bei *Heintzen*, in: *von Münch/Kunig* (Fn. 44), Art. 115 Rn. 2. Vgl. auch *P. Kirchhof*, Die Staatsverschuldung als Ausnahmeinstrument, FS Mußgnug, 2005, S. 131 ff.; ferner *Heun*, in: *Dreier* (Fn. 36), Art. 115 Rn. 8 – 10.

chen Gleichgewichts[135], und im Grundsatz ist die Kreditfinanzierung staatlicher Aufgaben ab 2016 bzw. 2020 unzulässig. Die Gründe für diese Bewertung haben zwar keinen Eingang in den Verfassungstext gefunden, liegen aber auf der Hand und werden in einem Sondervotum der Verfassungsrichter *di Fabio* und *Mellinghoff* verfassungsrechtlich akzentuiert benannt. Dort ist von einer schleichenden Gefährdung der praktischen Möglichkeit zur Beachtung wichtiger Staatsstrukturbestimmungen und von einer Tendenz zur De-Konstitutionalisierung die Rede.[136]

Gegen diese Tendenz legt der verfassungsändernde Gesetzgeber sich kräftig ins Zeug. Mit etwas Zuspitzung ist den Art. 109 Abs. 3 und 115 Abs. 2 GG ein Verfassungsauftrag zu entnehmen, in konjunkturell guten Zeiten Haushaltsüberschüsse zu erwirtschaften, um die in konjunkturell schlechten Zeiten zu erwartenden Defizite zu decken.[137] Damit wird die Finanzlage der öffentlichen Haushalte zu einem Verfassungsgut, das in Abwägungen, nach Maßgabe von deren bereichsspezifischer Dogmatik, kollidierende Belange zurückdrängen kann, z.B. bei der Frage, ob es mit der Amtsangemessenheit von Beamtengehältern vereinbar ist, dass 2011 die Bezüge eines Berliner Beamten knapp 10% unter den Bezügen eines in Berlin tätigen Bundesbeamten in vergleichbarer Position lagen.[138]

Wenn sich im Lauf der Zeit herausstellt, dass die „Schuldenbremse" nicht oder nur unvollkommen wirkt, ist damit zugleich das Ansehen des deutschen Verfassungsrechts, zumindest des Finanzverfassungsrechts, in Gefahr.[139] Schon jetzt wird der „Schuldenbremse" von Kritikern vorge-

---

[135] Dies wird überwiegend als Festlegung politischer Prioritäten verstanden. Anders *Heun,* in: *Dreier* (Fn. 36), Art. 109 Rn. 26, der meint, was nun neu in Art. 109 Abs. 2 stehe, habe vor 2009 schon in Art. 109 Abs. 5 GG gestanden; es handele sich um eine rein redaktionelle Verschiebung ohne inhaltliche Konsequenz.

[136] BVerfGE 119, 96, 155, 173 unten.

[137] So ausdrücklich Art. 3 Nr. 1 lit. a) des am 1.2.2012 vorgestellten Vertragsentwurfs für eine Europäische Fiskalunion.

[138] Dazu BVerfGE 114, 258 Leitsatz 2, 117, 372, 388; Urteil vom 14.2.2012, 2 BvL 4/10. Vgl. weiter *Hebeler,* Beamtenbesoldung und Haushaltszwänge, RiA 2003, S. 157 – 162; *Wolff,* Die Gestaltungsfreiheit des Gesetzgebers im Besoldungsrecht, DÖV 2003, S. 494 – 499. Demnächst: *Albrecht,* Das Land Berlin zwischen amtsangemessener Alimentation seiner Beamten und Schuldenbremse, LKV 2012, S. 61 – 64.

[139] So auch *Wieland* (Fn. 40), S. 236. Zur These, Finanzverfassungsrecht sei ein Verfassungsrecht von minderer normativer Kraft, grundsätzlich *Vogel,* Finanzverfassungsrecht und politisches Ermessen, 1972; aus neuerer Zeit *Höfling,* Haushaltsverfassungsrecht als Recht minderer Normativität, DVBl. 2006, S. 934 ff.

worfen, sie sei in der Sache möglicherweise symbolische Gesetzgebung oder ein Placebo.[140]

Um diesen Gefahren und Vorwürfen entgegenzuwirken, müssen der verfassungsrechtliche Konsolidierungsauftrag in kleine, vor allem zeitlich überschaubare Schritte zerlegt und die Haushaltswirtschaft von Bund und Ländern fortlaufend überwacht werden. Genau dies tut das Grundgesetz. Der Faktor Zeit spielt im neuen Recht eine große Rolle, für Verfassungsrecht ungewöhnlich. Art. 143d Abs. 1 GG legt Übergangszeiträume fest, Art. 109 Abs. 3 Satz 2 und Art. 115 Abs. 2 Satz 3 GG nimmt Bezug auf Konjunkturzyklen, die Sätze 7 und 8 von Art. 115 Abs. 2 GG sprechen von Tilgungsplänen und angemessenen Zeiträumen, und die hier eben verwendete Formulierung „fortlaufende Überwachung" schließlich steht wörtlich in Art. 109a Satz 1 Nr. 1 GG. Das Bundesverfassungsgericht hat in anderen Zusammenhängen das Rechtsinstitut einer Nachbesserungspflicht entwickelt, deren Grundlage insbesondere Grundrechte sind und die sich an den *einfachen* Gesetzgeber richtet.[141] Es spricht dogmatisch nichts dagegen, dies auf das Finanzverfassungsrecht zu übertragen und auch den *verfassungsändernden* Gesetzgeber in die Pflicht zu nehmen.[142] Nachbesserungsmaßstab wären dann die im sog. „Stabilitäts- und Wachstumspakt" verfassungs- und europarechtlich formulierten Ziele der öffentlichen Haushaltswirtschaft.

Insgesamt ergibt sich vom neuen deutschen Schuldenverfassungsrecht damit ein Bild, das schlecht zu der Talleyrand zugeschriebenen Vorstellung passt, dass Verfassungsnormen kurz und unklar zu sein hätten, um dem politischen Leben eine dauerhafte, im Grundsatz stabile, im Detail aber flexible Ordnung zu geben. Das neue Recht ist inhaltlich bestimm-

---

[140] *Korioth*, Die neuen Schuldenbegrenzungsregeln für Bund und Länder – symbolische Verfassungsänderung oder gelungene Schuldenbremse?, in: Perspektiven der Wirtschaftspolitik 11 (2010), S. 270 – 287; *Waldhoff/Dieterich*, Die Föderalismusreform II – Instrumente zur Bewältigung der staatlichen Finanzkrise oder verfassungsrechtliches Placebo?, ZG 2009, S. 97 ff. Allgemeine Kritik an neuerer verfassungsändernder Gesetzgebung: Bundestagspräsident *Lammert*, BT-Prot. 16/24947 D – 24948 A; weiter *Grimm*, Ist das Verfahren der Verfassungsänderung selbst änderungsbedürftig?, in: Humboldt-Forum des Rechts 2007, S. 214 ff.; zur Föderalismusreform II *Selmer*, Die Föderalismusreform II – Ein verfassungsrechtliches monstrum simile, NVwZ 2009, S. 1255 ff.
[141] Vgl. nur *Badura*, Staatsrecht, 3. Aufl., 2003, Rn. C 22.
[142] Diese Konstruktion ist nicht neu. In der ursprünglichen Fassung enthielt Art. 107 GG eine an den Bundesgesetzgeber adressierte, vom verfassungsändernden Gesetzgeber erfüllte Pflicht zur endgültigen Verteilung der konkurrierender Gesetzgebung unterliegenden Steuern auf Bund und Länder; die dafür gesetzte Frist wurde zweimal verlängert.

ter und justiziabler als das alte (dies war im Gedankengang des Vortrags die zweite These). Das neue Recht ist auf Vollzug in der Zeit angelegt, was ständiger Kontrolle und ggfs. korrigierenden Eingreifens bedarf (so die dritte These). Dies führt zu der schon einleitend aufgestellten ersten These zurück: Von den neuen Vorschriften ist die Übergangsvorschrift des Art. 143d Abs. 1 GG derzeit die wichtigste. Weil sie keinen festen Konsolidierungspfad, sondern nur eine Richtung („Schuldensinkflug") vorgibt, lässt sie in einer entscheidenden Phase mehr Spielraum als das ab 2016 bzw. 2020 voll geltende Recht. Sie entspricht weiter der Kurzzeitperspektive der Politik[143] und ihrer Neigung, Trends mehr Bedeutung beizumessen als Ergebnissen.[144]

---

[143] Die im Verhältnis zur Zeitperspektive von Finanzmärkten und ihrem computergesteuerten Aktionismus wiederum langfristig ist; „Dauerhaftigkeit" und „Nachhaltigkeit" sind eben relativ. Die Schulden, die „systemische" Banken in Sekunden verursachen können, können nach derzeitigem Recht den Steuerzahler über Jahre belasten.

[144] Zu Letzterem Art. 126 Abs. 2 Satz 2 lit. a) und b) AEUV, jeweils „es sei denn ..."

Schriftenreihe der Juristischen Gesellschaft zu Berlin

Frühere Hefte auf Anfrage
Mitglieder der Gesellschaft erhalten eine Ermäßigung von 40 %

Heft 153: **Die Stellung des Kindes nach heterologer Insemination.** Von Prof. Dr. JOHANNES HAGER. 23 Seiten. 1997. € 12.95

Heft 154: **Deregulierung des Arbeitsrechts — Ansatzpunkte und verfassungsrechtliche Grenzen.** Von Prof. Dr. PETER HANAU. 29 Seiten. 1998. € 14.95

Heft 155: **Kriminalpolitik an der Schwelle zum 21. Jahrhundert.** Von Prof. Dr. Dr. h. c. HANS JOACHIM SCHNEIDER. 64 Seiten. 1998. € 19.95

Heft 156: **Religion und Kirche im freiheitlichen Verfassungsstaat.** Von Prof. Dr. ALEXANDER HOLLERBACH. 36 Seiten. 1998. € 18.95

Heft 157: **Staatliche Informationen als Lenkungsmittel.** Von Prof. Dr. MICHAEL KLOEPFER. 37 Seiten. 1998. € 18.95

Heft 158: **„Der papierne Wisch".** Von Prof. Dr. FRIEDRICH EBEL. 51 Seiten. 1998. € 19.95

Heft 159: **Grundrechte und Privatrecht.** Von Prof. Dr. Dr. CLAUS-WILHELM CANARIS. 98 Seiten. 1998. € 24.95

Heft 160: **Verfassungsrechtsprechung zum Steuerrecht.** Von Prof. Dr. KLAUS VOGEL. 23 Seiten. 1998. € 12.95

Heft 161: **Die Entdeckung der Menschenrechte.** Von Prof. Dr. HASSO HOFMANN. 19 Seiten. 1999. € 9.95

Heft 162: **Wege zur Konzentration von Zivilprozessen.** Von Prof. Dr. Dr. h. c. DIETER LEIPOLD. 30 Seiten. 1999. € 14.95

Heft 163: **Grundrechtsschutz durch Landesverfassungsgerichte.** Von Prof. Dr. HORST DREIER. 39 Seiten. 2000. € 19.95

Heft 164: **Das Grundgesetz im europäischen Verfassungsvergleich.** Von Prof. Dr. Dres. h. c. KLAUS STERN. 20 Seiten. 2000. € 9.95

Heft 165: **Ermittlung oder Herstellung von Wahrheit im Strafprozeß?** Von Prof. Dr. Dr. h. c. KARL HEINZ GÖSSEL. 20 Seiten. 2000. € 9.95

Heft 166: **Gibt es eine europäische Öffentlichkeit?** Von Prof. Dr. Dr. h. c. PETER HÄBERLE. 34 Seiten. 2000. € 16.95

Heft 167: **Die Europäisierung des verwaltungsgerichtlichen Rechtsschutzes.** Von Prof. Dr. FRIEDRICH SCHOCH. 50 Seiten. 2000. € 19.95

Heft 168: **Kultur und Identität in der europäischen Verwaltungsrechtsvergleichung – mit Blick auf Frankreich und Schweden.** Von Prof. Dr. ERK VOLKMAR HEYEN. 32 Seiten. 2000. € 16.95

Heft 169: **Funktionales Rechtsdenken am Beispiel des Gesellschaftsrechts.** Von Prof. Dr. LORENZ FASTRICH. 56 Seiten. 2001. € 22.95

Heft 170: **Grundrechtspositionen und Legitimationsfragen im öffentlichen Gesundheitswesen.** Von Prof. Dr. Dr. h.c. EBERHARD SCHMIDT-ASSMANN. 116 Seiten. 2001. € 24.95

Heft 171: **Kollektive Verantwortung im Strafrecht.** Von Prof. Dr. KURT SEELMANN. 22 Seiten. 2002. € 12.95

Heft 172: **Aktuelle Fragen des pränatalen Lebensschutzes.** Von Prof. Dr. BERNHARD SCHLINK. 21 Seiten. 2002. € 12.95

Heft 173: **Die Allzuständigkeit amerikanischer Gerichte.** Von Prof. Dr. ROLF A. SCHÜTZE. 22 Seiten. 2003. € 12.95

Heft 174: **Neues Leistungsstörungs- und Kaufrecht: Eine Zwischenbilanz.** Von Prof. Dr. STEPHAN LORENZ. 36 Seiten. 2004. € 18.95

Heft 175: **Gesetzgebung ohne Parlament?** Von Prof. Dr. ECKART KLEIN. 28 Seiten. 2004. € 15.95

Heft 176: **Der Grundsatz der religiös-weltanschaulichen Neutralität des Staates – Gehalt und Grenzen.** Von Prof. Dr. STEFAN HUSTER. 27 Seiten. 2004. € 15.95

Heft 177: **Gesellschaftsrecht und Verbraucherschutz – Zum Widerruf von Fondsbeteiligungen.** Von Prof. Dr. CHRISTIAN ARMBRÜSTER. 44 Seiten. 2006. € 22.95

Heft 178: **Herausforderungen und Antworten: Das Öffentliche Recht der letzten fünf Jahrzehnte.** Von Prof. Dr. RAINER WAHL. 100 Seiten. 2006. € 26.95

Heft 179: **Die Europäisierung des Privatrechts und die Rechtsvergleichung.** Von Prof. Dr. Dr. h.c. mult. REINHARD ZIMMERMANN. 58 Seiten. 2006. € 22.95

Heft 180: **Das Verhältnis europäischer zu nationalen Gerichten im europäischen Verfassungsverbund.** Von Prof. Dr. INGOLF PERNICE. 56 Seiten. 2006. € 22.95

Heft 181: **Die echte Verfassungsbeschwerde.** Von Prof. Dr. CHRISTIAN PESTALOZZA. 40 Seiten. 2007. € 18.95

Heft 182: **Gesetzlicher Richter ohne Rechtsstaat?** Von Prof. Dr. ULRIKE MÜSSIG. 78 Seiten. 2007. € 24.95

Heft 183: **Inhaltskontrolle von Arbeitsverträgen.** Von Prof. Dr. REINHARD SINGER. 26 Seiten. 2007. € 15.95

Heft 184: **Religion – Recht – Kultur und die Eigenwilligkeit der Systeme.** Von Prof. Dr. GERD ROELLECKE. 28 Seiten. 2007. € 15.95

Heft 185: **Föderalismusreform: Wie reformfähig ist unser System?** Von Prof. Dr. HANS MEYER. 42 Seiten. 2008. € 18.95

Heft 186: **Schrottimmobilien – Die Geschichte von einem, der auszog, das Fürchten zu lernen.** Von Prof. Dr. VOLKERT VORWERK. 36 Seiten. 2008. € 18.95

Heft 187: **Finanzkrise, Wirtschaftskrise und das deutsche Insolvenzrecht.** Von HORST EIDENMÜLLER. 64 Seiten. 2009. € 22.95

Heft 188: **Heinrich Heine – Ein deutscher Europäer im französischen Exil.** Von Prof. Dr. URSULA STEIN. 38 Seiten. 2010. € 19.95